L'OUVERTURE

DE

L'AMAZONE

ET

SES CONSÉQUENCES POLITIQUES ET COMMERCIALES

PAR

CLAUDE DE LA POËPE

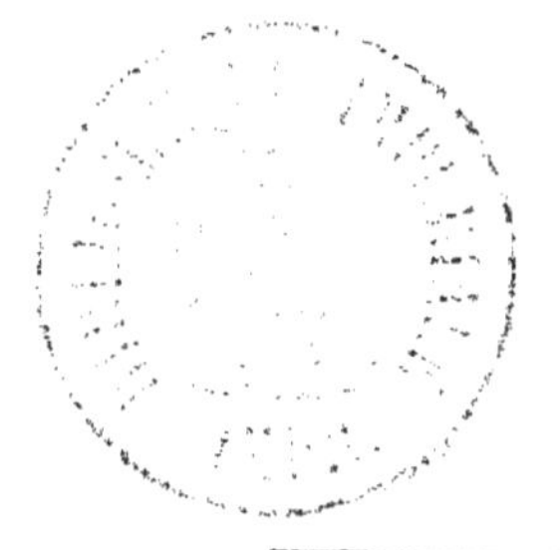

Timeo Danaos et dona ferentes.
VIRGILE.

PARIS
E. DENTU, LIBRAIRE-ÉDITEUR
PALAIS-ROYAL, 17 ET 18, GALERIE D'ORLÉANS
1867

EMPIRE DU BRÉSIL.

MINISTÈRE DES AFFAIRES ÉTRANGÈRES.

—

Décret concernant l'ouverture des fleuves Amazone et affluents Tocantins et San Francisco.

Dom Pedro II, par la grâce de Dieu et l'acclamation unanime des peuples, Empereur constitutionnel et défenseur perpétuel du Brésil;

Dans le but de développer la prospérité de l'Empire en facilitant de plus en plus ses relations internationales, et d'encourager la navigation et le commerce de l'Amazone et de ses affluents, du Tocantins et du San Francisco ;

Notre Conseil d'État entendu;

Avons décrété et décrétons ce qui suit :

Art. 1er. A partir du 7 septembre 1867, la navigation de l'Amazone jusqu'à la frontière du Brésil avec le Pérou, du Tocantins jusqu'à Cameta, du Tapajoz jusqu'à Santarem, de la Madeira jusqu'à Borba, et du Rio-Negro jusqu'à Manaos, est ouverte aux navires marchands de toutes les nations.

Art. 2. A partir de la date déterminée par l'article 1er, la navigation du San Francisco jusqu'à la ville de Penedo sera ouverte de la même manière.

Art. 3. La navigation des affluents de l'Amazone dans les parties où une seule des rives appartient au Brésil est subordonnée à un accord préalable avec les États riverains, à l'égard des limites, des règlements fluviaux et des mesures de police.

Art. 4. Les présentes dispositions ne modifient en rien les prescriptions des traités de navigation et de commerce en vigueur avec les républiques du Pérou et du Venezuela, conformément aux règlements rendus pour cet objet.

Art. 5. Nos ministres et secrétaires d'État concluront, par l'intermédiaire des administrations respectives, les conventions qui font l'objet de l'article 3, et expédieront les ordres et les règlements nécessaires pour la bonne exécution de ce décret.

Antonio Coelho de Sa e Albuquerque, de notre conseil, sénateur de l'Empire, ministre et secrétaire d'État des affaires étrangères, est chargé de l'exécution du présent décret.

Palais de Rio de Janeiro, 7 décembre de 1866, 45e année de l'indépendance et de l'Empire. — Signature de l'Empereur. — *Antonio Coelho de Sa e Albuquerque.*

A L'HÉROIQUE PEUPLE DU PARAGUAY!

I

Le décret du 7 décembre 1866 qui ouvre, « à partir du 7 septembre 1867, la navigation de l'Amazone, du Tocantins, du Tapajoz, du San-Francisco, du Madeira et du Rio-Negro, aux navires marchands de toutes les nations, » est un fait considérable, qui rompt trop profondément, en apparence, avec les traditions de la politique brésilienne, pour que nous n'essayions point d'en préciser la portée, après en avoir dégagé le sens véritable.

Ce décret, qui semble vouloir inaugurer une ère nouvelle, en brisant les barrières qui arrêtaient, au nord de l'empire brésilien, la propagande des idées modernes, et l'expansion de l'activité humaine; ce décret qui se propose, pour but ostensible, « de faciliter les relations internationales, et d'encourager la navigation et le commerce, » a obtenu l'approbation d'une partie de la presse parisienne. Cela devait être. Ces organes de la publicité n'avaient-ils pas applaudi au décret de 1864, qui rendait enfin à la liberté une catégorie intéressante d'Africains *libres de droit*, et que, néanmoins, le cabinet de San-Cristovão maintenait arbitrairement en tutelle, depuis plus d'un quart de siècle; depuis 1834?

Cet acte de réparation tardive, accompli devant la menace des canons anglais, avait été présenté à cette époque comme un acte de généreuse initiative, qui préparait l'affranchissement général des esclaves.

Pour nous, qui connaissons les conditions économiques où le bill Aberdeen a placé l'empire esclavagiste, nous avions réduit cette mesure à ses proportions exactes. Le Brésil cédait à la force, et le décret qui *libérait* les Africains *libres* n'engageait point, tant s'en faut, l'avenir.

Les événements nous ont donné raison.

Des promesses officielles ont été faites, qui ont abouti à l'ordonnance impériale du 6 novembre 1866.

Cette ordonnance a émancipé quatre cents nègres de la couronne, sur 25,000 que comprend, d'après un membre de la Chambre des communes, M. Cave, cette population arrachée aux navires négriers et confiée par les croiseurs anglais au gouvernement de Rio-de-Janeiro.

Certes la mystification était grande, mais on comptait sur l'ignorance de l'Europe. C'est ce qui explique comment il s'est trouvé des journaux, en France, qui ont vanté la magnanimité de l'empereur dom Pedro II, et qui ont pris texte de l'ordonnance du 6 novembre pour montrer le Brésil s'engageant résolûment dans la voie de la civilisation.

Nous avons fait justice de cette argumentation, en montrant la difficulté qu'éprouve le Brésil à combler les vides faits par les batteries paraguayennes, dans la désastreuse journée de Curupaïty.

A défaut de volontaires pour remplacer les soldats tombés sous les coups de l'ennemi, le cabinet de San-Christovão s'était vu réduit à enrôler des esclaves, à qui on promettait la liberté en échange de leur vie.

A ceux qui ignorent les choses de l'empire Sud-Américain, et qui n'ont pas lu notre appréciation de l'ordonnance du 6 novembre 1866, nous dirons que des expédients de ce genre, qui rappellent le système carthaginois de recrutement, ne peuvent s'expliquer que par l'absence de tout esprit militaire, et aussi par l'absence du sentiment patriotique chez les membres multicolores de la famille, non pas de l'agglomération brésilienne.

Voici ce que disait, il y a quelques années, un ministre de la guerre, M. Coelho, devant la Chambre des députés :

« Je déclare devant la Chambre, devant le pays, que depuis deux ans, le gouvernement a besoin de 4,000 hommes; il a expédié les ordres les plus péremptoires et, jusqu'aujourd'hui, il n'a pu obtenir plus de 2,000 hommes. L'armée du Sud se trouve avec plus de 2,000 soldats dont le temps de service est fini depuis plus de deux ans. »

L'année suivante, reprenant le même thème, il faisait cette déclaration catégorique :

« Lorsque j'étais président de la province de Minas, je dus en tirer 600 recrues, et il ne me fut pas possible d'en trouver plus de 75... »

Si les Brésiliens ne sont pas belliqueux; s'ils préfèrent les *modinhas* langoureuses des guitares aux fanfares guerrières des clairons, la faute en est à l'esclavage qui corrompt les âmes, en énervant les corps. Comment, dès lors, pourraient-ils être accessibles aux nobles élans du patriotisme, ce sentiment généreux dont l'essence première se compose d'énergie et de dévoûment ?

L'honneur militaire est une abstraction qui ne passionne que les caractères élevés. Quant aux natures étiolées, flétries par l'abus des jouissances matérielles ; dégradées, avilies par l'exercice du pouvoir absolu ; la patrie n'existe pas pour elles, ou, pour mieux dire, la patrie est circonscrite aux lieux où s'élève leur maison; elle a pour limites celles qui bornent leur domaine ; conséquemment, elles restent incapables de ressentir les humiliations que l'ennemi a infligées au drapeau national.

Cette déchéance morale, produite par l'oppression, nous la trouvons heureusement formulée dans la lettre que vient d'adresser, au sultan Abdul Asiz, le prince Mustapha Fazil Pacha :

« Là où l'homme peut exploiter son semblable, il ne se donne la peine d'exploiter courageusement ni son esprit, ni le sol. »

Cette explication de l'infériorité de la race turque, s'applique logiquement à l'agglomération brésilienne.

En l'état d'indolence chronique, où se traîne son existence, cette agglomération n'est capable de faire acte de virilité que dans un cas unique : demain, peut-être, elle se lèverait en masse pour défendre la propriété humaine qui la fait vivre, si la civilisation, justement indignée, exigeait enfin la réparation d'une iniquité séculaire, en décrétant la suppression radicale de l'esclavage.

Mais aujourd'hui, l'intérêt particulier n'est pas en jeu. C'est la patrie commune, ou plutôt, c'est une mère éplorée, humiliée, blessée au cœur, depuis la défaite de Curapaïty, qui appelle ses enfants à son secours. Comme le lien familial n'existe pas pour eux, les enfants font la sourde oreille et ne répondent pas à ce pressant appel.

Que l'honneur national soit ou ne soit pas engagé; qu'il venge ou qu'il ne venge pas le sanglant affront qui lui a été infligé, cela les touche peu, du moment où leur bien-être matériel n'a reçu aucune atteinte.

On pourrait nous taxer d'exagération, si notre jugement sévère, mais juste, ne s'appuyait sur des preuves accablantes, irrécusables.

Nous venons de citer le témoignage officiel d'un ministre de la guerre, M. Coelho; nous allons reproduire maintenant une nouvelle étrange qu'ont publiée, il y a deux mois à peine, les principaux organes de la presse européenne.

Voici cette nouvelle :

« Les ministres brésiliens ont fait décréter la mobilisation de 8,000 gardes nationaux pour les envoyer rejoindre l'armée qui opère contre le Paraguay. *Une partie de ces gardes nationaux a refusé de marcher. Les officiers ont été suspendus* (1). »

Ces lignes, extraites des correspondances apportées par le steamer français *Estramadure*, et qui ont produit en Europe une impression si profonde, n'ont pas été démenties par ceux qui avaient qualité pour le faire; donc, elles constatent un fait énorme, ignominieux, incroyable, mais vrai, pourtant; un fait qui prend, au milieu des circonstances où il s'est produit, les proportions d'un parricide.

L'histoire enregistrera ce crime, le plus grand de tous, de lèse-patrie, qui vient d'être commis sur la terre brésilienne, avec la même impartialité qu'elle a recueilli l'élan sublime de nos jeunes volontaires de 1792, et qu'elle signale déjà à la postérité l'héroïque dévoûment de la petite famille paraguayenne.

Ce n'est pas que les Brésiliens, considérés comme nation, aient dégénéré comme leurs pères; non pas, vraiment !

Les anciens Portugais ont rempli les XIVe, XVe et XVIe siècles de l'éclat de leur gloire littéraire et du bruit de leurs exploits guerriers. Le *Cancioneiro* compulsé d'abord par Bellermann, puis par le professeur Carvalho, contient le nom des écrivains, historiens ou poëtes, qui ont illustré leur patrie; de son côté, l'histoire a enregistré le nom de ces fameux *conquistadores* qui

(1) Au moment où ce travail est sous presse, les correspondances de la Plata nous apprennent que des troubles ont éclaté sur différents points de l'empire, à Bahia, Pernambuco, entre autres, pour le même motif qu'à Rio-de-Janeiro : refus du service militaire.

tout en augmentant la puissance de leur pays, ont ouvert de nouveaux chemins à l'activité humaine.

Ce n'est qu'en 1782 que le génie portugais s'est éteint, bien éteint, par exemple, avec le dernier souffle du ministre de Joseph Ier, le marquis de Pombal.

Les Brésiliens, eux, ne possèdent pas un glorieux passé; ils n'ont donc pas pu dégénérer; leur tort est d'une autre nature.

«Les idées marchent, et il faut marcher avec elles,» disait M. Baroche (séance du 27 mars 1867), dans son discours contre la contrainte par corps.

Ces sages paroles, qui résument la loi nouvelle de salut pour les nations, nous donnent l'explication de ce qui se passe dans l'empire des noirs.

Pendant que les législations des siècles passés se sont modifiées et se modifient encore chaque jour, dans le sens des principes proclamés par la Révolution française; pendant que la vieille société, guidée par les conquêtes de la science, poursuit son noble et fécond travail de transformation pacifique, le Brésil, lui s'obstine à rester stationnaire et tel que l'a constitué le triomphe des idées représentées par la Sainte-Alliance.

Si, en 1821, il a osé se soulever pour reconquérir son autonomie, le succès de ce mouvement est dû, d'abord, à la faiblesse de João VI, le débonnaire époux de Carlota de Bourbon, l'ardente et vindicative espagnole; ensuite, à l'indomptable énergie des mulâtres de Rio-Grande-du-Sud, qu'avait entraînés l'exemple des colonies Hispano-Américaines; et, enfin, aux bons offices de l'Angleterre.

Après cet effort heureux, mais qui n'a servi, ni à la cause de la liberté, ni à celle de la civilisation, les Brésiliens sont retombés dans leur apathie native.

Ils venaient d'obtenir leur indépendance; ils ne songèrent point à créer cette homogénéité des populations, qui est la base essentielle de toute nationalité.

Quoique nous devions bientôt reprendre ce thème et lui donner les développements qu'il comporte, il nous a paru nécessaire de fournir, dès maintenant, quelques explications qui feront mieux comprendre la situation exceptionnelle qu'ont accusée les décrets du gouvernement impérial.

Dans une de ses poésies légères, le vieux Camões a prétendu que jamais, ici-bas, l'homme ne récoltait ce qu'il avait semé (1).

Les législateurs brésiliens ont commis la faute grave de mépriser le double enseignement de l'histoire et de la nature, en prenant au sérieux cette boutade qui affirme précisément le contraire de la vérité.

C'est parce qu'ils ont semé l'esclavage, qu'ils ont récolté la dépravation des mœurs, la déchéance de l'être moral, l'égoïsme féroce, en un mot, dont le développement fatal est une menace redoutable et permanente pour la sécurité publique, puisqu'il ronge ce lien national de la solidarité générale des citoyens qui s'appelle le patriotisme.

Nous venons d'indiquer l'origine de l'ordonnance du 6 novembre 1866.

Dans le désarroi où se trouvait le gouvernement brésilien, par suite du nombre insignifiant des volontaires libres qui avaient répondu à sa voix, ce gouvernement se voyait forcé de confier à des esclaves le soin de venger l'honneur du drapeau national.

Et, ici, encore, nous retrouvons cet égoïsme hideux qui possède toutes les classes de l'agglomération brésilienne et auquel l'intérêt public est naturellement sacrifié.

C'est *quatre cents* esclaves seulement qui ont été affranchis, *sous condition*, sur *vingt-cinq mille* qui composent la propriété humaine de la couronne; sur *quatre millions* soumis à la chicote de maîtres inexorables (2). N'oublions pas que cette mesure

(1) *Não vi em meus años*
Homen que apanhasse
O que semeasse.
(Camões. *Redondilhas*).

(2) Un écrivain dévoué à la triple alliance explique d'une autre manière l'insignifiance des enrôlements produits par l'ordonnance du 6 novembre 1866. Ce seraient les esclaves eux-mêmes qui auraient refusé de changer leur misérable condition contre celle qui leur était offerte par la générosité du gouvernement.

Notre contradicteur dit textuellement dans le *Mémorial diplomatique* du 19 mars dernier :

« C'est à ces nègres et à ces mulâtres, injustement, si vous voulez, mais légalement esclaves, que, dans cette crise, le gouvernement propose de devenir citoyens avec *leurs femmes* et *leurs enfants*, à condition qu'ils s'enrôlent *volontairement* dans le service militaire. »

Il ajoute, huit lignes plus loin :

« Un petit nombre seulement a répondu à l'appel du gouvernement du dérisoire au point de vue d'une réparation sérieuse, ne s'étend même pas jusqu'à la progéniture de ces malheureux qu'on envoie ainsi à la mort. Leurs enfants ne sont même pas mentionnés dans le décret, ainsi qu'on peut s'en assurer. Ce décret est conçu en ces termes :

« *Décret n°* 3725, *le* 6 *novembre* 1866.

« C'est mon plaisir d'ordonner que les esclaves de la couronne, qui se trouveront en état de servir dans l'armée, soient gratuitement libérés, à la condition qu'ils entreront au service, et, s'ils sont mariés, leurs femmes jouiront du même bénéfice. »

Ainsi donc, les enfants des quatre cents esclaves enrôlés sous le drapeau impérial ne seront pas rachetés par le sang de leurs pères répandu sur les champs de bataille. Ces enfants resteront dans la servitude.

Mais du moins, le gouvernement brésilien étend sa sollicitude sur les femmes des esclaves qui vont mourir pour l'empire?

Ceux qui interpréteraient dans ce sens les termes du décret, se tromperaient fort. C'est même en présence de cette rédaction hypocrite qu'on est fondé à trouver horrible la mystification préparée par le pseudo-libéralisme du Brésil.

On a l'air d'associer les femmes au nouveau sort de leurs maris. Il reste à savoir jusqu'où s'engage le décret, en parlant ainsi, et encore si les esclaves possèdent des épouses légitimes.

Brésil. Cela prouve que l'esclavage sur les plantations de l'Etat et de la Couronne est plus doux que l'esclavage dans les armées. »

Aveu singulier de la part d'un défenseur du Brésil!

Ces malheureux esclaves, auquels on propose *de devenir citoyens avec leurs femmes et leurs enfants*, auraient donc retrouvé l'esclavage à l'armée?

On s'explique dès lors leur peu d'empressement à troquer l'*enxada* contre la lance ou le mousquet.

Est-ce la version du *Mémorial* qui est la bonne? Est-ce la nôtre? Cela importe peu. Les deux versions s'accordent sur le chiffre restreint des noirs expédiés comme recrues à l'armée ; ni l'une ni l'autre ne fournit un argument en faveur du libéralisme brésilien.

Xénophon nous apprend qu'après le désastre de Mantinée, les Spartiates offrirent la liberté aux Ilotes qui voudraient défendre la République. Il s'en présenta *six mille* qui s'enrôlèrent aussitôt.

Au Brésil, dans des circonstances analogues, *quatre cents* noirs seulement ont répondu à l'appel du gouvernement.

Ce rapprochement, venant après le trait relatif aux gardes nationaux, ne permet-il pas de dire aussi : Tels maîtres, tels esclaves!

Dans ce Brésil qui se prétend chrétien et où l'on insulte, où l'on menace de mort des femmes dont le dévoûment sublime est inspiré par le plus pur esprit du christianisme (1); dans ce Brésil qui se croit catholique, il existe des êtres, nos frères et nos sœurs devant Dieu, pour lesquels la loi tolère l'accouplement extrasocial, qui dégrade, mais auxquels elle interdit le mariage qui relève et qui console. Ces êtres, ainsi condamnés à l'abrutissement perpétuel, ce sont les esclaves.

Les esclaves n'ayant pas d'épouses légales, le décret, on le comprend, n'a pu émanciper les compagnes des malheureux qu'on envoie périr sous le plomb des Paraguayens.

Telles sont pourtant les avances que le Brésil faisait à la vieille Europe pour la gagner à sa cause; telles sont les garanties sur lesquelles le Brésil prétendait s'appuyer pour affirmer son désir de prendre sa place parmi les nations civilisées.

Heureusement, les illusions propagées par certaines feuilles se sont évanouies devant une discussion approfondie. Après avoir interrogé l'histoire, nous avons dévoilé la pensée secrète du gouvernement brésilien.

Déçu dans son espoir de ramener l'opinion qui s'éloignait de lui, ce gouvernement a tenté un dernier coup; un coup de maître, cette fois. Il a rendu le décret du 7 décembre 1866, qui est censé ouvrir l'Amazone et les affluents de ce fleuve aux navires marchands de toutes les nations.

Eh bien! nous le déclarons sans hésiter : pas plus que le décret de 1864 et l'ordonnance du 6 novembre 1866, le décret du 7 décembre ne prouve la volonté du Brésil de renoncer au régime colonial, en admettant sans arrière-pensée le dogme moderne de la liberté des rivières.

Nous irons plus loin encore, car il importe que les véritables intentions du Brésil soient mises en pleine lumière :

Étant établi désormais :

1° Que le décret de 1864 a été rendu sur les protestations indignées de la Grande-Bretagne, protestations comminatoires aussi puisqu'elles laissaient entrevoir la mèche fumante dans la main des canonniers;

2° Que l'ordonnance du 6 novembre 1866 n'a été rendue que sous l'influence d'un immense désastre, et afin de prévenir les conséquences déplorables que pouvait produire l'absence de volontaires libres sous les drapeaux de l'empire.

(1) Les sœurs de Saint-Vincent-de-Paul, à Bahia.

Nous allons examiner le décret du 7 décembre dernier, et démontrer que ce décret n'est qu'une ruse de guerre destinée à tromper l'Europe sur le but poursuivi, à cette heure, par le Brésil, dans sa guerre contre le Paraguay.

Notre proposition se trouve nettement formulée dans une brochure qui vient de paraître chez Dentu, et qui a pour titre : *La politique du Brésil, ou la fermeture des fleuves sous prétexte de l'ouverture de l'Amazone.*

L'auteur de cet écrit ne l'a point appuyé de sa signature; mais à la vigueur, à la solidité de sa dialectique, on reconnaît une plume compétente et convaincue; et puisque la bonne fortune nous échoit d'avoir pour nous un publiciste de cette valeur, c'est que la vérité est incontestablement du côte de la thèse que nous nous proposons de développer.

II

Le baron de Peñedo, diplomate brésilien, affirme, dans un récent *memorandum*, que son pays représente dans le Sud-Amérique la civilisation latine, au même titre que la France représente en Europe cette même civilisation.

La proposition nous paraît audacieuse.

Le Brésil, qui n'a point de littérature; qui ignore l'art, au point de commander en France les portraits et les statues de ses souverains; qui emprunte à l'Europe ses musiciens, ses architectes, ses amiraux, ses soldats et même ses acteurs; le Brésil, qui ne possède ni l'esprit militaire, ni, cela vient d'être constaté, le noble sentiment du patriotisme, et qui est rongé, à cette heure encore, par la lèpre immonde de l'esclavage, représenterait le génie latin! ce génie qui se personnifie dans ces hommes immenses qui s'appellent : Dante, Alfieri, Veronèse. Titien, Murillo, Cervantes, Jean Goujon, Bayard, Colbert. Racine, Bossuet, etc., etc.

Et ce Brésil, réfractaire au progrès, qui n'a produit ni un penseur, ni un artiste, ni un capitaine, ni un poëte, car le *Camões*, que ses rimeurs citent à tout propos, ne lui appartient pas; ni même un historien national, parce que, sans doute, l'histoire de ce pays se trouve tout écrite dans les annales sombres de la traite et de l'esclavage; ce Brésil, on ose le comparer à la France qui marche à la tête des nations!

A la France, dont le rôle d'initiative est consacré par la tradition des siècles, et dont l'ardent et expansif patriotisme va jusqu'à considérer comme des frères tous les peuples opprimés !

A la France enfin, dont la plume éclaire, dont l'épée féconde, et aux destinées de laquelle les destinées du monde sont attachées!

Nous n'aurions point relevé cette prétention étrange d'un rôle civilisateur que remplirait le Brésil dans le Sud-Amérique, si l'assertion du baron de Peñedo n'avait été reproduite par certaines feuilles de Paris, à l'occasion du décret du 7 décembre dernier.

Voyons donc à l'œuvre cet empire, dont le système économique est fondé sur le travail servile, et qui, cependant, serait, au dire de ses amis, un des principaux agents de la civilisation modeene!

Nous le répétons volontiers: l'ouverture de l'Amazone est un fait considérable; mais ce fait implique-t-il la conversion du Brésil à cette doctrine qui considère les fleuves comme des propriétés universelles, et qui, comme telles, ne sauraient être confisquées au profit d'un intérêt égoïste et au détriment des intérêts généraux des nations?

Le Brésil est-il réellement gagné à l'idée moderne de la solidarité des peuples par le libre échange, et ouvre-t-il franchement au commerce ses fleuves intérieurs, parce que ces chemins *qui marchent*, que Dieu a créés pour servir de trait d'union entre les membres épars de la grande famille humaine, sont les conducteurs naturels du progrès pacifique ?

Pour répondre à cette question, nous n'avons qu'à consulter le traité du 1er mai 1865, les conventions des 29 mai et 21 novembre 1851, et l'article 6 des traités passés le 10 juillet 1853 entre les grandes puissances maritimes et les Etats platéens.

Le traité du 1er mai rétablit les stipulations de 1851, qui consacrent le droit de navigation au profit des riverains seulement, et à l'exclusion, par conséquent, des pavillons étrangers.

Il est vrai que cet échafaudage de dispositions restrictives est complétement renversé par le traité du 10 juillet 1853, dont l'article 6 porte que:

« Si quelque guerre survenait entre des Etats quelconques, républiques ou provinces du Rio de la Plata et de ses affluents, la navigation du Parana et de l'Uruguay restera libre pour les pavillons marchands de toute nation. »

Le texte est formel et ne laisse d'issue à aucune équivoque.

Déjà même, la liberté fluviale avait été reconnue :
Par la Nouvelle-Grenade, le 2 avril 1852 ;
Par la République Argentine, le 28 août 1852;
Par la Bolivie, le 27 janvier 1853 ;
Par l'Etat du Paraguay, le 4 mars 1853 ;
Par l'Equateur, le 26 novembre 1853.

Le principe fécond, civilisateur, du libre transit par les voies fluviales, admis d'abord par ces républiques latines, reçut donc une solennelle consécration par le traité du 10 juillet 1853, où sont inscrites les signatures de la France, de l'Angleterre et des Etats-Unis.

C'était bien le cas, pour le Brésil, d'affirmer ses idées progressistes, en ambitionnant l'honneur de figurer sur ce document à côté des trois plus grandes puissances maritimes de notre temps.

Puisque, ainsi que le dit avec raison l'éminent publiciste qui nous sert de guide en ce moment, « la liberté fluviale est, dans le Sud-Amérique, le principal instrument de civilisation, » le Brésil, qui a la prétention de guider les Etats qui l'entourent sur le chemin du progrès, va justifier cette prétention en adhérant au traité du 10 juillet.

La logique le veut ; mais l'intérêt égoïste s'y oppose.

Le Brésil ne remplit point la place qu'on avait laissée en blanc à son intention; et non-seulement il ne signa point, mais son ministre à Buenos-Ayres protesta, en son nom, le 12 septembre 1853, contre les traités argentins qui proclament la liberté pour tous les pavillons exclusivement sur le parcours des fleuves platéens.

On dira peut-être que le Brésil a marché depuis 1853, et qu'il professe aujourd'hui des idées plus avancées qu'à cette époque. La preuve de cette allégation, qu'on nous présente comme un fait irréfutable, se trouverait dans l'ouverture de l'Amazone et de ses affluents.

A cela nous répondrons, que le décret du 7 décembre 1866 ne pourrait servir de prétexte à une pareille interprétation, que s'il avait rendu la liberté aux trois grands affluents de la Plata, dans leur parcours sur le territoire impérial. Or, nous mettons au défi les amis du Brésil de trouver trace de cette généreuse préoccupation dans le document dont il s'agit; nous les défions encore de nous signaler un texte officiel antérieur ou postérieur au décret du 7 décembre, qui affranchisse la navigation de ces fleuves sur la portion de territoire où domine le Brésil.

Cet État a nettement indiqué le but où tend sa politique envahissante et oppressive, le jour où il a protesté contre le traité du 10 juillet 1853. C'est grâce à cette protestation qu'il bloque aujourd'hui les fleuves Parana, Paraguay et Uruguay, et que, tout en isolant les États du Paraguay et de Bolivie du monde extérieur, il chasse des hautes régions platéennes le commerce de toutes les nations.

Voilà comment le Brésil est un agent de la civilisation latine dans le Sud-Amérique!

Nous ajouterons encore ceci :

S'il est une qualité qui appartienne essentiellement à la race latine, c'est cet esprit chevaleresque qui la pousse au-devant des dangers et qui la rend si chatouilleuse, si susceptible, pour tout ce qui touche à la délicatesse, à la loyauté, à l'honneur.

Le Latin ne marchande pas plus sa vie que celle de son ennemi; dans le cours des aventures qui sollicitent constamment sa nature batailleuse, il tue, lorsqu'il n'est pas tué; mais l'idée ne lui viendra jamais de dégrader celui qu'il n'a pu vaincre.

C'est parce qu'il est vaillant lui-même qu'il honore le courage et qu'il respecte le malheur. S'il s'agit d'affirmer son droit, il en appelle à son épée, à son intelligence, à son cœur; il ne spécule pas, pour atteindre son but, sur les instincts pervers de la nature humaine.

Aussi, tout ce qui est grand, noble, beau, généreux, l'attire irrésistiblement; tout ce qui est vil, lâche, honteux, lui fait horreur.

Nous savons si ce portrait peut convenir à l'habitant de l'empire esclavagiste.

Bien différent du Latin moderne, qui n'achèterait pas le succès au prix d'une ignominie, le Brésilien, lui, sacrifie tout à la souveraineté du but. Quant à la moralité des moyens qu'il emploie, il ne s'en préoccupe guère : *de minimis non curat;* pourvu que ces moyens lui assurent les résultats qu'il veut obtenir.

Nous trouvons une nouvelle preuve de cette déviation du sens moral, dans la tentative de corruption dont le commandant de Curupaïty vient d'être récemment l'objet de la part des généraux brésiliens.

Impuissants à réduire par la force la forteresse paraguayenne, ces honnêtes généraux qui, paraît-il, connaissent leur histoire grecque, ont cherché à introduire dans ces lignes inexpugnables le fameux mulet que Philippe de Macédoine nourrissait avec une si tendre sollicitude.

Voici, sur cette cynique tentative, les détails que nous donne le correspondant de la *Nacion Argentina*, organe officiel, les lecteurs ne l'ignorent point, du président Mitre, généralissime des armées alliées.

CORRESPONDANCE DE L'ESCADRE.

« Curuzu, 25 janvier.

« Monsieur le rédacteur, je crois que dans quelques jours nous aurons un combat partiel; je ne l'affirme pas, mais je le suppose, la nouvelle étant fondée sur de bons renseignements.

« Cette opération partielle peut, jusqu'à un certain point, engager un combat sérieux; mais je suis toujours persuadé qu'on n'engagera pas un combat général avant le mois de mars.

« Je crois maintenant que les anciens étaient beaucoup plus adroits en ruses de guerre. La raison de ma croyance est cette célèbre phrase du père d'Alexandre : « *Il n'y a point de forteresse imprenable, quand « un mulet chargé d'or peut y entrer.* »

« Je vous exprime la raison de ma croyance; maintenant vous devez attendre du temps la confirmation de la pensée de la phrase que j'ai citée, et certes vous n'aurez pas longtemps à attendre.

« MANUEL ANTONIO DE MATTOS. »

Est-ce par des moyens semblables que le Brésil, *ce noble représentant, en Amérique, de la civilisation latine*, se propose d'opérer la régénération du Paraguay?

Déclarons tout de suite que, cette fois encore, l'astucieuse politique de l'empire esclavagiste a subi un échec éclatant. Le Brésil n'a pas été plus heureux en alignant ses *contes de reis* que ses navires cuirassés. Il s'est heurté contre un obstacle moral, plus redoutable que les murailles crénelées et les canons de bronze de la forteresse : le patriotisme paraguayen.

Le commandant de Curupaïty est resté incorruptible, et le mulet macédonien, qui a fait tant de voyages déjà à Montevideo et à Buenos-Ayres, est rentré momentanément dans les écuries du maréchal Caxias.

On cite cette fière réponse de l'officier paraguayen :

— « Me prend-on donc pour un Florès, qu'on ose me proposer de vendre mon pays ! »

Nous n'avons pas besoin d'évoquer tous les souvenirs déplorables qui s'attachent à l'intervention du Brésil dans les affaires platéennes. En présence de l'acte honteux que nous venons de signaler, nous nous demandons à bon droit si cet acte n'est pas la négation de l'esprit chevaleresque qui est un des plus beaux apanages de la famille latine ?

Latins à leur origine, les Brésiliens ont-ils donc complétement perdu, dans les unions qu'ils ont constamment contractées, qu'ils contractent encore chaque jour avec de belles esclaves, le caractère distinctif de leur race ?

Au lieu de rajeunir leur sang appauvri, ces unions forcées, puisque l'amour en est exclu, ont-elles eu pour effet d'inoculer dans leurs veines, à la place des généreuses aspirations des Latins, ces instincts d'hypocrisie, de vénalité, de paresse, d'astuce, de mensonge, de cupidité, de perfidie, que développent l'oppression et l'ignorance ?

Nous estimons que c'est là cette loi naturelle de filiation qui explique la dégradation du maître par la corruption de l'esclave.

Et, en effet, par suite de l'interdit que les émigrants européens ont jeté sur la terre inhospitalière de l'empire, les habitants de cette terre n'entretiennent que des rapports insuffisants avec la civilisation du Vieux-Monde, cette civilisation dont les femmes sont les meilleurs agents et qui renouerait la tradition latine, poursuivant sa route vers la Plata, les Brésiliens sont condamnés à des alliances qui altèrent essentiellement, par les conditions où elles se forment, le caractère originel que leur ont transmis leurs ancêtres portugais.

C'est la logique qui l'affirme.

Les croisements accomplis entre le blanc et la femme noire, entre le quarteron et la femme noire, entre le mulâtre toujours avec la femme noire, entre le *cabra* encore avec la femme noire, ont produit naturellement la prédominance du sang noir sur le sang bleu (*sangue azul*) parmi l'agglomération brésilienne.

De ce fait découlent des conséquences considérables qui, paraît-il, ont complétement échappé à la perspicacité et, surtout, au patriotisme orgueilleux du baron de Peñedo, bien qu'elles soient mises en pleine lumière par la loi physiologique.

Mais, en dehors des hommes d'État brésiliens (gens trop intéressés dans la question qui nous occupe), ces conséquences ne peuvent être niées que par ceux qui ignorent le travail mystérieux et incessant qui s'opère depuis près de quatre siècles, dans cette société esclavagiste, par suite, et de la rareté des femmes blanches, et de l'attraction irrésistible qu'exercent autour d'elles les opulentes et majestueuses filles de certaines nations africaines.

Ce fait étant acquis de la transfusion du sang noir à dose prépondérante, il en résulte que le Brésilien, l'influence du soleil intertropical aidant, a perdu, physiquement, par la couleur de la peau; moralement, par la disparition graduelle des sentiments de loyauté, de patriotisme, d'abnégation, les qualités natives des hommes de sa race.

Aujourd'hui, par ses mœurs, comme par la coloration de sa face, comme par ses institutions économiques, par sa manière d'être, en un mot, il appartient plus à l'Afrique qu'à l'Europe.

Il a été déjà démontré que la féconde initiative des Latins lui faisait absolument défaut, puisqu'il n'avait rien créé, ni dans les arts, ni dans les sciences, ni dans l'industrie; nous ajouterons, pour compléter notre pensée, que sa nature primitive s'est transformée à ce point que ce que l'on remarque tout d'abord chez lui, c'est l'aptitude particulière à l'imitation qui distingue les peuplades africaines.

Le Brésilien pousse jusqu'à l'exagération, jusqu'à la charge même, l'imitation des usages anglais, des modes et de la littérature françaises.

On a attribué à Napoléon Ier ce mot si vrai dans sa crudité pittoresque :

« Grattez le Russe, vous retrouverez le Kalmouk ! »

Nous dirons à notre tour :

— Grattez le Brésilien, et vous trouverez le nègre !

Ce nègre, — nous ne remonterons pas bien haut dans le passé, — nous l'avons surpris, il y a quelques mois à peine, à Montevideo, faisant le trafic des consciences et soudoyant la trahison; à Paysandu, égorgeant ou laissant égorger sous ses yeux, après qu'ils eurent rendu leur épée, Léandro Gomez et ses héroïques compagnons (1); à Yatay, mutilant barbarement, après leur avoir attaché les mains, 1,400 prisonniers désarmés;

(1) Voici, au sujet de ces exécutions sauvages, ce qu'a imprimé M. Gasquy, aide-commissaire de la marine, dans un recueil qui se publie à Paris sous le haut patronage du Ministre de la marine et des colonies :

« Nous ne pouvons nous défendre d'un sentiment d'admiration pour ces nobles victimes du devoir militaire, en même temps que de dégoût et de mépris pour ceux qui les mirent lâchement à mort, ou laissèrent s'accomplir un tel crime à l'ombre de leur drapeau.

« Gomez s'était rendu à un officier brésilien. »

(*Revue maritime et coloniale*. Décembre 1866, p. 732).

à Uruguayana, incorporant de force dans les rangs alliés, ou réduisant en esclavage les 5,530 Paraguayens qui venaient de capituler; sur la rive droite du Rio-Paraguay, sollicitant au meurtre et au pillage les chasseurs de chevelures du *Gran-Chaco*.

C'est toujours l'Africain cauteleux, ignorant et brutal que nous retrouvons dans les dispositions du traité spoliateur du 1er mai 1865. Ici, le nègre a poussé l'esprit d'imitation jusqu'à vouloir appliquer, en Amérique, le vieux droit de conquête ressuscité naguère en Europe, comme un défi audacieux jeté à la civilisation par le vainqueur de Sadowa.

Et c'est le pays qui produit des mœurs pareilles, qu'un imprudent diplomate n'a pas craint de comparer à la France; à la France représentée dans son rôle d'expansion généreuse!

Une prétention aussi énorme provoquait d'autant plus une protestation motivée, qu'elle a été favorablement accueillie par certains publicistes qui s'enorgueillissent à bon droit d'appartenir à la famille latine.

Cette protestation, c'est une âme toute française, c'est-à-dire essentiellement latine, qui vient de la dicter à une plume impartiale, mais indignée.

Nous venons d'établir par des documents authentiques que, malgré la Constitution qui lui a été *imposée* par Dom Pedro Ier; malgré le développement de ses transactions extérieures; malgré le nombre de ses bâtiments cuirassés, l'empire brésilien n'a pas fait un pas encore vers son affranchissement moral, et qu'il s'est laissé distancer dans la question de liberté commerciale, non-seulement par la France et l'Angleterre, mais encore par les petites républiques américaines, qui ont ouvert leurs fleuves à tous les pavillons.

Quelle est donc la véritable portée du décret du 7 décembre 1866?

S'il n'était pas tout à la fois un leurre offert à l'opinion libérale qu'a révoltée l'émancipation *conditionnelle* des quatre cents esclaves de la couronne; un appât perfide présenté au commerce universel et surtout aux capitaux anglais sans lesquels la guerre contre le Paraguay ne peut être poursuivie, ce décret serait, au fond, une mystification effrontée à l'adresse des peuples civilisés, pour masquer, sous l'apparence d'une concession aux idées modernes, des projets de conquête sur l'estuaire de la Plata.

C'est ce qu'il nous sera facile d'établir avec l'auteur de la brochure intitulée : *La Politique du Brésil ou la fermeture des fleuves, sous prétexte de l'ouverture de l'Amazone.*

III

Et cependant le texte du décret dit positivement :

« Art. 1er. A partir du 7 septembre 1867, la navigation de l'*Amazone*, jusqu'à la frontière du Brésil avec le Pérou ; du *Tocantins*, jusqu'à Cameta ; du *Tapajoz*, jusqu'à Santarem ; du *Madeira*, jusqu'à Borba, et du *Rio-Negro*, jusqu'à Manaos, est ouverte aux navires *marchands* (c'est nous qui soulignons ce mot) de toutes les nations.

« Art. 2. A partir de la date déterminée par l'article 1er, la navigation du *San-Francisco* jusqu'à la ville de Penedo sera ouverte de la même manière. »

Les fleuves sont ouverts, voilà ce qu'on affirme ; mais à quelles conditions sont-ils ouverts?

La liberté de navigation existe-t-elle? C'est ce que le décret ne dit pas.

Le Brésil accorde le transit aux navires *marchands* seulement, et exclut de ses eaux les navires de guerre qui pourraient protéger les riches cargaisons et les équipages des premiers.

Voilà déjà une restriction de mauvais augure.

Nous savons bien comment les plumes dévouées au Brésil cherchent à la justifier.

Elles disent :

« En prononçant l'exclusion des navires de guerre des eaux de l'Amazone, l'empire des Bragance ne fait que se régler sur le droit européen. Voit-on des navires de guerre étrangers dans l'Escaut, l'Elbe et le Rhin? Le Brésil nourrit la noble ambition de marcher avec la civilisation occidentale, et l'ignorance seule peut lui reprocher d'appliquer à l'Amazone une disposition restrictive adoptée pour la navigation des fleuves allemands. »

Malgré ses prétentions à la logique, ce raisonnement ne supporte pas la discussion. Tout au plus s'il pourrait être momentanément admis par les esprits superficiels qui ignorent la doctrine spéciale qui régit les États du Sud-Amérique.

L'erreur, involontaire sans doute, de nos contradicteurs provient de ce qu'ils comparent le droit américain, en cette matière, au droit européen.

Dans le vieux continent, les fleuves coulent entre des rives peuplées, et leur parcours offre autant de sécurité que les routes terrestres. Les bâtiments marchands n'ont rien à craindre de populations laborieuses et honnêtes, et, dans tous les cas, la protection effective des gouvernements leur est assurée.

En est-il de même dans le Nouveau-Monde? Non pas, certes, malheureusement.

Les fleuves américains baignent des territoires pour la plupart déserts; ils s'enfoncent dans des solitudes où l'action d'un pouvoir fort ne peut s'exercer, et où, par conséquent, la navigation ne rencontre pas les sérieuses garanties dont nous venons de parler.

Ici, ce sont des populations farouches et pillardes vivant dans une indépendance presque absolue et ne reconnaissant d'autre droit que celui de la force.

Là, ce sont des tribus sauvages en guerre ouverte avec la civilisation, et qui se tiennent constamment à l'affût pour saisir la proie, quelle qu'elle soit, que le hasard peut leur envoyer.

En l'absence d'une autorité protectrice, ceux qui s'aventurent dans ces parages inhospitaliers doivent toujours être en mesure de défendre leur bien et leur existence.

Ces conditions, particulières à l'Amérique, ont nécessité la création d'un droit fluvial américain. Ce droit existe en effet; il a été consacré, dans des documents officiels, par les États du Sud et du Centre-Amérique.

Ainsi, c'est une liberté complète de navigation pour les pavillons étrangers, soit que ces pavillons flottent sur des bâtiments marchands ou sur des navires de guerre, qu'accordent tous ces États :

Montevideo, par l'article 1er de la loi du 11 octobre 1853;

La Bolivie, par l'article 3 de la loi du 27 janvier 1853;

La Nouvelle-Grenade, par l'article 1er de la loi du 5 avril 1852;

L'Équateur, par l'article 1er de la loi du 26 novembre 1853.

En ce moment même, si le Brésil a le droit d'établir son escadre dans les eaux des fleuves argentins et paraguayens, ce n'est qu'à la faveur de la loi sur la liberté fluviale (3 octobre 1852), dont l'article 3 ouvre les fleuves argentins aux bâtiments de guerre étrangers.

Tel est le droit américain, droit dont l'empire esclavagiste bénéficie au sud, mais qu'il proscrit au nord, sous prétexte d'assimiler sa législation fluviale à celle de l'Allemagne.

Dieu sait pourtant si le Brésil, en s'écartant sur ce point des principes proclamés par les autres États latins du Nouveau-Monde, peut exciper de la sécurité qui règne sur son territoire!

On n'a pas oublié les actes sauvages qui s'accomplirent, il y a cinq ans à peine, sur la côte de Rio-Grande-du-Sud, où venait de faire naufrage le bâtiment anglais *Prince-de-Galles;* actes que lord Russell qualifia justement *the crimes of robbery and murder*, dans la Chambre haute, le 11 juillet 1863.

Le rapport adressé, à l'occasion de ces faits, par le juge municipal, senhor Garcez, au chef de police, senhor Callado, indique le degré de civilisation des habitants de cette province, dont nous aurons bientôt à nous occuper.

Ce rapport, émané d'un magistrat brésilien, constate que le *Prince-de-Galles* a été pillé par les riverains; que Mariano Pinto et Manoel Rodriguez, chefs des *naufrageurs*, ont eu le temps de fuir sur le territoire Oriental; que, du reste, ces deux individus ne sont pas les seuls coupables, et qu'un grand nombre des habitants, parmi lesquels les principaux de la ville (*Wealthiest inhabitants*), cultivent cette abominable industrie qui rendait si redoutables autrefois certaines côtes de la Bretagne.

Après ces aveux accablants, le rapport exprime le regret de laisser de pareils forfaits impunis, parce que les preuves manquent, et qu'on ne trouve pas de témoins pour déposer contre les malfaiteurs (1).

Ainsi donc, voilà qui est officiellement établi : Sur le territoire de l'empire, une cargaison peut être pillée et l'équipage massacré, sans que la justice du pays soit en mesure d'atteindre les coupables.

Ce qui est plus grave encore, c'est que l'impuissance des magistrats provient du trop grand nombre de gens de rapine que contient la ville, et que, dès lors, en présence d'une complicité aussi étendue, les personnes honnêtes, frappées de terreur, n'osent point apporter leur témoignage à la justice.

Ces faits, répétons-le, se sont passés en 1862, sur un point de

(1) Lire, à ce sujet, le substantiel et curieux ouvrage de M. W.D. Christie, Envoyé extraordinaire et Ministre plénipotentiaire de l'Angleterre au Brésil : NOTES ON BRAZILIAN QUESTIONS, page 172. London and Cambridge, Macmillaud and C°. 1865.

la terre brésilienne que côtoient incessamment des navires de guerre. Il ne s'en trouvait point, malheureusement en ce moment, dans le voisinage; sans quoi, une répression terrible et immédiate eût prouvé l'utilité des bâtiments de guerre, et l'efficacité de la protection qu'ils apportent au commerce dans les lieux où la civilisation n'a pas encore pénétré.

En l'état des choses, la fermeture de l'Amazone aux navires de guerre est une mesure qui ne saurait être justifiée par les dispositions appliquées aux fleuves européens ; à moins, cependant, qu'il ne soit démontré que les bâtiments marchands n'ont pas besoin d'être protégés dans les eaux du grand fleuve, grâce à la surveillance incessante dont ces eaux sont l'objet de la part du gouvernement impérial; et aussi que les anthropophages qui errent sur les rives de l'Amazone sont moins à craindre, pour les riches cargaisons et pour la vie des équipages, que les habitants, prétendus civilisés, des provinces brésiliennes de l'Atlantique.

Ces développements étaient indispensables pour ceux qui ignorent, sur ce point, la législation des États latins de l'Amérique.

Forcé, par une assimilation que nous nous contenterons d'appeler téméraire, de déterminer les conditions essentiellement différentes au milieu desquelles a été créé le droit fluvial sur les deux rives de l'Atlantique, nous avons cru devoir éclairer par cette démonstration, un côté de la question que soulève le décret du 7 décembre.

Il nous est permis, maintenant, de poursuivre l'examen de ce décret.

« Art. 3. La navigation des affluents de l'Amazone dans les parties où une seule des rives appartient au Brésil est subordonnée à un accord préalable avec les Etats riverains, à l'égard des limites, des règlements fluviaux et des mesures de police. »

Quand on connaît la politique traditionnelle du Brésil, on interroge anxieusement les derniers mots de l'article 3; mais on ne tarde pas à trouver leur véritable signification lorsqu'on se rappelle la déclaration écrite envoyée le 13 novembre 185 par le ministre des affaires étrangères de l'empire, Limpo de Abreu, au ministre des Etats-Unis à Rio-de-Janeiro.

Le senhor Limpo de Abreu répondait au nom de son gouvernement que la liberté de l'Amazone compromettrait l'intégrité de l'empire, et que si jamais elle était accordée, cette liberté reposerait sur des traités qui garantiraient au Brésil u droit d'absolue propriété et qui contiendraient les réserves jugées indispensables (1).

Si ces paroles ne suffisent pas à expliquer la « subordination » dont parle l'art. 3 du décret, et la nature des « règlements et mesures de police » qui devront précéder l'ouverture des fleuves brésiliens, nous renverrons les lecteurs à l'art. 4 du décret, qui est ainsi conçu :

« Art. 4. Les présentes dispositions ne modifient en rien les prescriptions des traités de navigation et de commerce en vigueur avec les républiques du Pérou et du Vénézuéla, conformément aux règlements rendus pour cet objet. »

Or, il faut bien l'avouer : les traités conclus avec le Pérou et Vénézuéla sont conçus dans le même esprit étroit que les conventions passées les 29 mai et 21 novembre 1851 sur l'estuaire de la Plata. Conventions et traités restreignent aux riverains seulement le droit de navigation sur les fleuves platéens et sur l'Amazone.

Ainsi donc, en maintenant expressément les dispositions des traités antérieurs, l'empire ouvre l'Amazone à l'Europe *marchande*, mais il la ferme aux Américains de la côte occidentale.

Ce que nous venons de dire pour l'Amazone, nous l'affirmons plus énergiquement encore pour les affluents du grand fleuve.

Que le lecteur veuille bien suivre notre démonstration sur la carte qui accompagne la brochure que nous avons citée.

Indépendamment de l'Amazone, le décret du 7 décembre ouvre à tous les pavillons les cinq fleuves suivants :

Le San-Francisco, le Tocantins, le Tapajoz, le Madeira et le Rio-Negro.

Tout le réseau des voies fluviales intérieures, à l'exception des affluents de la Plata, est ainsi délivré des barrières élevées depuis la conquête par le régime colonial, et par ce réseau, les marchandises et les idées d'Europe vont apporter la prospérité et la civilisation à des contrées longtemps sacrifiées.

C'est là, sans doute, le résultat magnifique que poursuit le susdit décret, et dont la perspective a fait battre les mains aux amis du Brésil.

A ces amis si prompts à s'enflammer, nous rappellerons le vers de Virgile qui nous sert d'épigraphe, tout en leur indiquant, à droite, un point marqué de rouge sur la carte que nous con-

(1) *Mémoire* de dom Antonio Limpo de Abreu, adressé le 13 novembre 1853 au ministre des Etats-Unis à Rio-de-Janeiro.

sultons en ce moment. Nous les engageons même, et cela pour leur entière édification, à rechercher le point qui s'appelle *Penedo*, dans le bel atlas qu'un de nos savants compatriotes, M. Liais, vient de publier, après deux ans de séjour au Brésil.

Penedo, ils en seront convaincus alors, est situé à une distance de quelques pas seulement de l'embouchure du San-Francisco.

Or, le libre transit, accordé par le décret du 7 décembre A TOUTES LES NATIONS, ne dépasse pas la ville de Penedo.

Lorsqu'on saura que le San-Francisco, « l'un des fleuves les plus majestueux et les plus heureusement situés de cette portion de l'Amérique, » dit M. Ferdinand Denis, se divise près de l'Océan en deux branches dont la principale a plus de deux kilomètres de largeur; que ce fleuve, dont le cours vient d'être relevé par M. Liais, a plus de 380 lieues; et enfin que le San-Francisco, parsemé d'îles riantes qui servent de refuge à une multitude d'oiseaux aquatiques, met en rapport l'intérieur de quatre provinces importantes: Pernambuco, Sergipe, Bahia et Minas-Geraës, on trouvera bien parcimonieuse la libéralité du Brésil.

Mais si nous ajoutons que le San-Francisco, imparfaitement décrit par l'historien Southey, utilement exploré par MM. Spix, Martius, Saint-Hilaire et Eschwege, complétement dévoilé par les récents travaux de M. Emmanuel Liais, traverse des régions d'une incroyable fertilité, désolées, toutefois, par la fièvre et l'ignorance; on appréciera mieux la redoutable responsabilité encourue par un gouvernement ombrageux qui, par le fait du barrage de Penedo, refuse d'assainir et de régénérer ces opulentes régions, avec le concours des capitaux et des idées du monde civilisé.

Le Tocantins, appelé à son embouchure le Rio-Para, se dirige du sud au nord sur une étendue de 1,800 kilomètres et à travers les provinces de Goyaz, de Matto-Grosso et de Para.

« Ce fleuve, dit le comte de la Hure (*l'Empire du Brésil*), navigable dans presque toute son étendue, offre une voie précieuse pour pénétrer jusqu'au centre du Brésil. »

Il ne reçoit pas moins de vingt-cinq affluents, dont l'un, le Rio-Araguay, a un parcours de 1,500 kilomètres.

Eh bien! la navigation sur le Tocantins est ouverte jusqu'à Cameta ou Villa-Vicoza, laquelle est située à l'embouchure même du fleuve.

Le Rio-Tapajoz coule pendant mille kilomètres à travers les

provinces de Matto-Grosso et du Para, et reçoit à son tour de nombreux affluents. Santarem, limite fixée par le décret du 7 décembre, se trouve précisément au confluent du Tapajoz et de l'Amazone.

Il est de même de la station Borba, désignée sur le Madeira. Borba touche presque à l'Amazone; et cependant le Madeira, qui « est la grande voie de commerce de la province intérieure de Matto-Grosso (la Hure), » compte 62 affluents, parmi lesquels le Jamary, peuplé de nombreuses tribus indiennes; le Jeuparana ou Machado, dont le cours est d'environ 600 kilomètres, et le Rio-Beni, dont l'embouchure mesure 800 mètres. Seul, le Rio-Beni, qui joint le Brésil à la Bolivie, reçoit sur le territoire de ce dernier Etat 71 tributaires.

Reste le Rio-Negro, qui est ouvert jusqu'à Manaos, capitale de la province des Amazonas. Mais, comme pour les stations ci-dessus énumérées, cette ville est située sur la rive gauche du fleuve, à son point de jonction avec l'Amazone. Son second nom, Barra-do-Rio-Negro, ne laisse aucun doute sur cette situation.

Or, pour mieux apprécier l'insignifiance du parcours jusqu'à Manaos, nous nous contenterons de constater que le Rio-Negro ou Guainia, dont la source est dans les Andes, et qui se jette dans l'Amazone, après un cours de près de 1,400 kilomètres, se développe à son embouchure sur une largeur de 15 kilomètres.

Nous ajouterons que ce fleuve, grenadin à son origine, compte plus de 120 affluents, dont 50 au moins propres à la navigation.

C'est bien le cas, en vérité, de répéter la pittoresque, mais juste appréciation de l'auteur de la brochure, au sujet de l'ouverture des fleuves brésiliens :

« Le passage accordé, c'est le passage d'un bout de trottoir jusqu'à la loge du concierge. »

C'est court, mais c'est expressif.

Voilà donc à quoi se réduit la concession faite par le Brésil au commerce de toutes les nations:

L'Amazone, région insalubre, dépeuplée par les fièvres paludéennes, le choléra, la fièvre jaune qui « est endémique et constante, » nous apprend M. Michelena y Rojas dans son ouvrage intitulé: *Exploration officielle des Amazonas* (Paris, 1867), et par le trafic immonde dont les enfants indiens sont devenus l'objet depuis la suppression de la traite des noirs; l'Amazone, dont la navigation, au dire d'un ministre brésilien, M. Limpo de Abreu, ne peut offrir aucun avantage aux nations qui ne sont pas limitrophes, vient, en effet, d'être ouverte à tous les pavillons marchands.

Bien que cette concession aux besoins légitimes d'expansion qui travaillent les sociétés modernes soit considérablement amoindrie par cette autre considération, empruntée également au ministre des affaires étrangères du Brésil, que les Andes seront toujours un obstacle aux relations, par l'Amazone, entre l'Europe et le Pacifique, et que le commerce des Etats de l'Amérique occidentale avec le reste du monde ne cessera de suivre la route des deux océans ; cependant nous applaudissons à cette mesure, en vue des conséquences immenses qu'elle produira dans l'avenir.

Il faudra un siècle peut-être pour que des solitudes mystérieuses, abandonnées aujourd'hui à la férocité des animaux et à la barbarie des hordes, aient été transformées. Mais quelque éloigné qu'il soit, ce but glorieux ne saurait être atteint si le mouvement qu'on appelle sur l'Amazone ne s'étendait pas sur les fleuves qui sont ses tributaires, et si la liberté, compagne inséparable de la civilisation, ne pénétrait point alors, avec les marchandises européennes, dans l'intérieur de ce vaste continent.

La libre navigation sur les affluents est la conséquence nécessaire, inévitable, de l'ouverture de l'Amazone. Le Brésil ne s'y trompe point ; aussi ses dispositions restrictives, en ce qui concerne ces affluents, ne peuvent avoir d'autre objet que de retarder l'heure de l'émancipation pour ses provinces intérieures. Nous le prouverons bientôt.

Tranquille de ce côté, pour le moment du moins, l'empire convie la civilisation à une tâche qu'il n'a ni les moyens ni la volonté d'accomplir. Son désintéressement apparent n'est qu'un masque destiné à cacher ses véritables intentions. L'appât de moissons abondantes qu'il présente au commerce et à l'industrie, sur les bords de l'Amazone, doit, dans sa pensée, éblouir assez les puissances maritimes pour ne rien leur laisser voir des projets dont il poursuit la réalisation sur les bords de la Plata.

Voilà comment l'ouverture de l'Amazone n'a été pour le Brésil qu'un engin de guerre, à l'aide duquel il espère vaincre les résistances que rencontre son établissement définitif sur l'estuaire platéen.

Le Brésil est prêt à faire la part du feu, si les circonstances l'y obligent ; mais en échangeant ses provinces équatoriales contre les plaines salubres et fertiles que baigne le Rio-Uruguay.

Or, la conquête de Montevideo par le Brésil, c'est l'application au sud du régime prohibitif détruit partiellement au nord.

Et c'est ainsi que l'ouverture de l'Amazone aurait produit, si l'Europe pouvait se désintéresser des questions qui se débattent entre la triple alliance et la république du Paraguay, la fermeture des fleuves platéens.

Ainsi interprété, le décret du 7 décembre laisse entrevoir des complications trop graves, pour que nous ne nous empressions pas d'appuyer nos appréciations sur les preuves irréfutables que nous fournit l'histoire.

Dès ce moment, toutefois, nous sommes autorisé à soutenir que, déjà, notre épigraphe est amplement justifiée, et dès lors nous avons le droit de nous défier du Brésil, même lorsqu'il déclare qu'il ouvre au commerce l'Amazone, les affluents de ce fleuve, et le « majestueux » San-Francisco, comme l'appelle M. Ferdinand Denis.

IV

Christophe Colomb a découvert une première fois l'Amérique, vers la fin du XVe siècle.

Le jour où les huit millions de kilomètres carrés qui représentent la superficie du bassin amazonien, seront sillonnés par des *railways* et par des *steamboats;* ce jour-là, on peut le proclamer hautement, l'Amérique aura été découverte une seconde fois, puisqu'elle viendra d'être conquise par la civilisation.

L'imagination est d'abord éblouie par les magnifiques, les splendides perspectives que l'avenir étale devant elle; mais, bientôt, elle frissonne d'épouvante, à la pensée des innombrables hécatombes humaines et des capitaux énormes que coûtera aux générations futures l'achèvement de cette œuvre immense.

L'heure de la récolte sonnera certainement un jour, à l'horloge des siècles, en dépit du mauvais vouloir du Brésil; mais, pendant des années et des années encore, les restrictions calculées que le décret du 7 décembre apporte à la navigat de l'Amazone, empêcheront le grain des idées modernes germer sur un sol que seul peut féconder le souffle de liberté.

Les colonies naissantes, nul ne l'ignore, cherchent toujou s'établir sur les bords des fleuves; or, l'insalubrité des ri amazoniennes étant démontrée, d'un côté; et, de l'autre, le cours des affluents étant parcimonieusement mesuré par pouvoir jaloux, il est de toute évidence que le présent ne rera qu'un insignifiant bénéfice de la concession arrachée Brésil par les victoires successives des Paraguayens.

Nous ne craignons pas d'être démenti en affirmant que l'in diction de parcours sur les grands affluents de l'Amazone p lyse tous les efforts de l'initiative commerciale dans ces para et que le seul résultat qui pourra être immédiatement obt se bornera à la création, par les Anglais et les Américains Nord, de comptoirs d'échange et de trafic à l'embouchure principales rivières.

Voilà donc la maigre part, attribuée présentement au c merce, des richesses incalculables que le Brésil fait miro devant lui et que semble contenir le décret du 7 décembre 1 cette part est si exiguë qu'en relisant le susdit décret don but avoué est de « développer la prospérité de l'empire en f litant de plus en plus les relations internationales et d'enc rager la navigation de l'Amazone et de ses affluents, » on pe malgré soi, aux *bâtons flottants* du fabuliste :

De loin c'est quelque chose, et de près ce n'est rien.

Combien les Brésiliens instruits et les amis du Brésil doi être désappointés, à cette heure, en présence des singul moyens qu'on emploie pour « développer la prospérité de l' pire. »

Pourtant ce ne sont ni les exemples, ni les conseils qui manqué au gouvernement de Rio-de-Janeiro!

Le programme de la régénération nationale a été forn dès 1836 par un économiste brésilien, M. Torrès Homem, ces lignes pleines de sens et de patriotisme :

« Pourquoi n'ouvrons-nous pas des voies rapides de com nication entre les capitales des provinces? Pourquoi ne dons-nous pas nos fleuves navigables ? »

Un publiciste français, dont les sympathies pour le Brési

sont affirmées en toute circonstance, reprend, l'année suivante, le thème abordé par M. Torrès Homem dans la revue brésilienne *Nitheroy*.

« Ce qu'il faut au Brésil, dit M. Ferdinand Denis, c'est l'échange facile de ses immenses richesses, c'est la multiplication des routes, c'est l'accroissement de la population. Qu'on jette un coup d'œil sur la carte, et qu'on examine l'admirable embranchement des fleuves, et l'on s'assurera bientôt qu'il n'est guère de contrées où la nature ait plus fait pour les rapports futurs des provinces entre elles. »

Aux exhortations si loyales, si judicieuses de ces deux écrivains, les ministres de Rio viennent enfin de répondre par un décret qui maintient l'isolement des provinces intérieures, et qui, loin d'utiliser « l'admirable embranchement des fleuves » pour multiplier « les relations internationales, » ferme les affluents de l'Amazone au commerce de toutes les nations.

Nous n'avons pas tout dit cependant sur ce décret, qui a été imposé au gouvernement brésilien par la plus dure des nécessités, après la désastreuse bataille de Curupaïty, et qui a ainsi ouvert le grand fleuve équatorial avec la même spontanéité que Venise a été cédée à la France, le lendemain de Sadowa.

Nous venons d'indiquer la somme exacte des bénéfices qu'il réserve au commerce ; il nous reste à rechercher la somme des avantages que doit en retirer la civilisation.

Pour cela, nous n'avons qu'à regarder de près ce colosse qu'on nous montre avec une tête d'or et une poitrine d'argent et dont, malgré toute notre bonne volonté, nous n'apercevons que les pieds qui sont d'argile.

Bien différent des anciennes colonies hispano-américaines qui se sont constituées sous l'influence des idées propagées par la Révolution française, l'empire brésilien n'a dû le jour qu'au triomphe de la Sainte-Alliance sur cette même Révolution. Fidèle à son origine, nous l'avons déjà constaté, cet empire est resté stationnaire lorsque tous les peuples, en deçà comme au delà de l'Atlantique, se développaient dans le sens du progrès. Cette obstination à s'isoler du mouvement régénérateur qui date de la Révolution s'explique suffisamment par les vices de son organisation économique et sociale, dont la base vermoulue nous apparaît sous cette triple forme du passé : le préjugé, le monopole et l'esclavage.

On nous parle volontiers de la paix qui règne dans l'empire

du Sud-Amérique, et les amis de cet État ne perdent aucune occasion d'opposer la tranquillité dont il jouit, aux incessantes agitations des républiques, ses voisines. Cette harmonie parfaite entre tous les membres de la grande famille brésilienne serait due à la stabilité de ses institutions, aussi bien qu'à la sagesse de ses gouvernants.

Voyons ce que pèse cette prétention.

Le Brésil n'a pas même une histoire écrite; l'abrégé qui en tient lieu a pour auteur un Anglais; mais il suffit d'avoir suivi attentivement les événements qui se sont succédé depuis la proclamation de l'indépendance, pour rappeler des dates qui contredisent cette concorde si témérairement vantée.

Le système retrograde du gouvernement brésilien a failli, plus d'une fois, amener le démembrement de l'empire.

Devons-nous, afin de constater le malaise de ses populations, le besoin d'une liberté plus grande qui les travaille, leur désir à coup sûr légitime, mais ardent, de se soustraire à une administration qui gêne l'essor de l'activité individuelle; devons-nous rappeler les deux soulèvements de Pernambuco en 1824 et 1848, et la proclamation de la République de l'Equateur?

Et encore la guerre civile provoquée par la politique cauteleuse de dom Pedro Ier, et qui aboutit à la reconnaissance de la République de l'Uruguay?

Et aussi la guerre de la *Balaïada*, 1838-1841, au nord de l'empire, où les tribus indiennes de l'Amazone, lassées du joug, furent sur le point de prendre une complète revanche des massacres de 1616?

Et la séparation de fait — elle dura douze ans — de la province de Rio-Grande qui s'était déclarée indépendante (1843) (1)?

Et le mouvement social de 1838 qui livra Bahia aux noirs et aux mulâtres?

Et celui des Alagoas en 1844?

Et encore, la révolte qui éclata en 1840-41 aux portes mêmes de la capitale, dans la province centrale de Minas-Geraës, où les

(1) Le général Caxias, aujourd'hui Maréchal, qui opère contre le Paraguay, pourrait nous dire le prix auquel a été obtenue la pacification de cette province. Là aussi le principal rôle a été rempli par le mulet historique dont il vient d'être parlé à propos du commandant de Curupaïty. La force n'avait pu vaincre la résistance des Rio-Grandenses : mais, grâce aux arguments dont il était chargé, l'animal gagna la cause du pouvoir central auprès des chefs de la révolte.

Fédéralistes se maintinrent, malgré les efforts du gouvernement, pendant plus d'une année?

Or, comme aucune satisfaction n'a été donnée aux intérêts divers qui revendiquaient leur droit les armes à la main, il est logique de croire que ces mêmes intérêts n'ont point abdiqué leurs légitimes prétentions, et qu'ils n'attendent qu'une occasion favorable pour les faire prévaloir.

Les provinces intérieures sont toujours exploitées par le pouvoir central qui persiste à leur refuser toute communication directe avec le dehors.

Les Indiens sont traqués aujourd'hui comme ils ne l'ont jamais été, et le trafic dont ils sont l'objet a pris, depuis la suppression de la traite des noirs, une extension dont on ne se fait aucune idée en Europe.

Enfin, quatre millions d'esclaves frémissent sous la *chicote* incessamment levée sur leurs épaules.

Que signifie, dès lors, cette concorde apparente?

Là où il y a oppression, la paix ne saurait exister longtemps. Les intérêts lésés se taisent aujourd'hui, mais demain ils élèveront la voix; les haines sommeillent, mais elles se réveilleront au jour choisi pour le règlement définitif des comptes.

On le comprend : la coupe des iniquités est pleine depuis nombre d'années déjà ; une goutte de plus, et cette coupe débordera. La mine des vengeances est chargée par les noirs, par les mulâtres, par les peaux-rouges, par les métis, par toutes les races, par toutes les familles qui composent l'agglomération brésilienne; une étincelle peut suffire pour la faire éclater.

Alors, à travers les flammes d'un embrasement général, l'on verrait s'étreindre furieusement les membres de cette nation singulière qui ne possède pas le sentiment de la nationalité; et l'on aurait à constater les terribles effets d'une organisation basée sur un antagonisme multiple et permanent :

Antagonisme des races entre les blancs, les rouges et les noirs;

Subdivisions infinies des races : mulâtres, métis, quarterons, etc., etc.;

Antagonisme des droits légaux entre les maîtres et les esclaves;

Antagonisme des ambitions locales : les provinces entre elles, et toutes ensemble contre la centralisation ombrageuse de la capitale;

Antagonisme des intérêts commerciaux et économiques par

le maintien du régime colonial, qui favorise le petit nombre en comprimant l'activité générale;

Antagonisme des aspirations, au point de vue politique, entre les partisans de la monarchie, de la république et de la fédération.

Au milieu d'éléments aussi nombreux de désordre, chaque incident peut contenir l'étincelle qui déterminera l'explosion.

Admettez un instant que le chef paraguayen Estigarribia, renforcé du corps du major Duarte, — le glorieux vaincu du Yatay, — eût pénétré plus avant sur le territoire de l'empire; qui oserait soutenir qu'un appel à la liberté, adressé aux esclaves, n'aurait pas été entendu?

Une sanglante défaite des Brésiliens sur les bords de l'Uruguay, au début de la campagne, n'aurait-elle pas fourni aux républicains de Rio-Grande et de Saint-Paul l'occasion de réaliser leur rêve interrompu d'indépendance? Et, dans ce cas, qui peut affirmer que la nouvelle prise d'armes du Sud n'aurait pas eu un profond retentissement dans le Nord, où les idées séparatistes comptent aujourd'hui, comme en 1848, de nombreux adhérents, et où la guerre contre le Paraguay est aussi impopulaire que sur les deux rives de la Plata, ainsi que viennent de le prouver les récents événements de Bahia et de Pernambuco?

N'oublions pas que des haines implacables, transmises de génération en génération, remplissent toujours le cœur des tribus indiennes.

Si le bruit d'une immense conflagration dans les villes du littoral pénétrait jusqu'au fond des forêts et des déserts, pense-t-on que les fils des *cabaneiros* n'abandonneraient pas leurs solitudes, dans l'espoir de profiter des dissensions de leurs irréconciliables ennemis? Cela est déjà arrivé en 1838-1841, ne l'oublions pas.

Tel est le terrain mouvant, miné comme une fourmilière par l'antagonisme des passions et des intérêts, sur lequel est assise la société brésilienne. Naturellement, cette société est toujours à la veille d'une commotion terrible, dans laquelle elle doit périr, si elle n'en sort pas régénérée.

Nous avons fait connaître les proportions exactes de ce prétendu colosse, qui voudrait se poser en face de l'Europe comme un agent convaincu de la civilisation, et qui affecte des allures de Croquemitaine envers les Etats hispano-américains.

On sait maintenant si ce capitan, farouche et intraitable avec les faibles et les petits, a réellement des pieds d'argile.

En osant lui résister, le Paraguay nous a montré ce que pèse dans sa main l'épée qu'il brandit avec tant de jactance et avec des airs si terribles.

Le lecteur doit commencer à entrevoir le but que veut atteindre le Brésil lorsqu'il ferme les affluents de l'Amazone. En décrétant la liberté de navigation sur ces affluents, les idées d'émancipation pénétreraient, avec les marchandises d'Europe, dans les provinces intérieures qui restent soumises, depuis le commencement de la conquête, au régime du monopole colonial.

Voilà pourquoi le gouvernement de Rio-de-Janeiro a établi un cordon sanitaire à l'embouchure de ces fleuves qu'il prétend ouvrir aux pavillons marchands de toutes les nations.

Quant à la « prospérité de l'empire, » dont parle le décret du 7 décembre, elle passe naturellement après « l'intégrité de l'empire, » dont la conservation préoccupait tant M. Limpo de Abreu.

L'esclavage est incompatible avec le sentiment de la dignité humaine, comme la véritable liberté est exclusive de tout monopole. Or, le gouvernement brésilien ne veut renoncer ni au monopole ni à l'institution servile ; donc, il ne peut pas, sous peine de se suicider, renverser les barrières qui empêchent l'invasion des idées de justice et d'égalité par lui systématiquement proscrites.

En agissant ainsi, le cabinet de San-Christovão se montre conséquent avec la politique traditionnelle de l'empire et avec sa ferme volonté de maintenir des institutions d'un autre âge.

La France démocratique, la libérale Angleterre, les États-Unis républicains inoculeraient aux provinces de l'intérieur le virus de leurs principes généreux, subversifs, voulons-nous dire. Dès lors, et de par la même logique qui armait la Sainte-Alliance contre la Révolution de 1789, ces odieux principes seront arrêtés à l'embouchure des rivières par les douaniers de l'empire esclavagiste.

Le Brésil préfère conserver des provinces ignorantes, relativement pauvres, mais qu'il exploite à son gré, plutôt que de travailler à la régénération de ces mêmes provinces, ce qui l'exposerait à les perdre.

Cette éventualité, si justement redoutée, n'est-elle pas la

condamnation du régime auquel certaines parties du territoire sont soumises ?

Et, pour résumer notre pensée dans une formule plus générale, la crainte de perdre des provinces par cela seul qu'on y aurait remplacé l'ombre par la lumière, n'est-elle pas la condamnation formelle de la politique réfractaire du Brésil?

Pourtant, l'histoire ancienne, que les ministres de l'empire connaissent si bien ; l'histoire moderne, qu'ils devraient étudier, pour en dégager le sens philosophique, nous apprennent également que l'ignorance et l'oppression sont une mauvaise garantie, et pour l'ordre social, et pour la stabilité des institutions.

Nous nous permettrons, à ce sujet, de signaler à l'attention des hommes qui dirigent les affaires de l'empire brésilien, des paroles excellentes qui retentissaient naguère à la tribune de notre Corps législatif :

« Une population instruite produit plus et mieux qu'une population ignorante... L'ignorance est une lèpre qui enlève au corps social la santé, la vigueur, l'énergie ; partant, elle ne saurait être un gage de stabilité politique. »

C'est M. Malézieux qui affirmait cette consolante vérité dans la séance du 1er mars dernier.

Adam Smith a rendu la même pensée avec plus d'énergie encore. Il dit :

« Au milieu d'une population ignorante, tout citoyen doit craindre pour ses biens, et même pour son existence. »

Dans la séance du 16 mars, M. Jules Favre a complété l'enseignement, en déclarant que :

« A l'époque où la force morale gouverne les empires, il s'agit d'avoir, non un territoire plus ou moins grand, mais des citoyens libres et de bonnes et de solides institutions. »

Ces paroles, justement applaudies dans une Chambre française ; ces paroles, vraiment chrétiennes, et qui résument l'idée de la civilisation moderne, seront-elles comprises à Rio-de-Janeiro ?

Nous le désirons plus que nous n'osons l'espérer.

Il est malheureusement prouvé que, pour les hommes d'État brésiliens, le salut de l'empire n'est pas là. A leurs yeux, les affluents de l'Amazone ont beau être momentanément fermés à la libre navigation, et aussi les affluents de la Plata, le danger conjuré au nord existe au sud avec plus d'intensité encore, puisque l'embouchure de la Plata appartient à des États qui ont reconnu la liberté des rivières. Par la Plata, les idées contre lesquelles le Brésil réagit sur l'estuaire amazonien peuvent remonter le courant des fleuves et s'introduire, avec des ballots de marchandises, dans les provinces qu'il veut continuer à exploiter exclusivement.

Le Brésil sait cela; mais il croit avoir trouvé un moyen efficace pour élever au sud un barrage semblable à celui qu'il vient d'établir au nord. Le moyen est simple : il consiste à s'emparer des clefs de la Plata et à mettre ces clefs dans sa poche.

Or, les clefs de la Plata se trouvent à Montevideo.

Voilà pourquoi le Brésil amuse l'Europe sur les bords de l'Amazone, et qu'il espère, avec la complicité de Mitre et de Florès, saisir enfin l'objet de ses convoitises séculaires.

Le Brésil abandonne l'Amazone au commerce futur des nations ; mais, comme compensation immédiate, il s'apprête, si on le laisse faire, à reculer ses frontières sur la rive gauche de la Plata, jusqu'au point où ce fleuve se jette dans l'océan Atlantique.

Nous allons prouver que Montevideo est forcément l'objectif de la politique qui a dicté le décret du 7 décembre dernier, et, par la même occasion, nous indiquerons les résultats déplorables que produirait, pour le commerce universel et pour la civilisation, l'installation définitive du Brésil à l'embouchure de la Plata.

V

Pour découvrir, à travers les dispositions du décret du 7 décembre, la trace de la pensée qui a dicté le traité spoliateur du 1er mai, c'est-à-dire l'intention bien arrêtée chez les ministres brésiliens d'accomplir enfin l'œuvre de leurs prédécesseurs, au sujet de l'annexion du territoire Oriental, nous n'avons qu'à interroger la diplomatie de l'Empire du Sud-Amérique.

Il n'est, certes, pas nécessaire de remonter au traité de San-Ildefonso (1777), qui règle la question de limites entre les possessions espagnoles et les possessions portugaises pour surprendre le Portugal en flagrant délit d'usurpation de territoires, du côté de la Plata. Bien avant la création de la vice-royauté de Buenos Ayres, des chocs avaient eu lieu entre les deux puissances rivales, invariablement provoqués par les empiétements successifs du Portugal.

Ces chocs se renouvelèrent depuis lors et toujours pour le même sujet.

Après la séparation, le Brésil continua la politique envahissante de son ancienne métropole.

Invoquant les prétendus droits qu'il aurait possédés du chef de sa mère Carlota, dom Pedro Ier envahit la Bande-Orientale et décréta l'annexion de son territoire, sous la dénomination de province *Cis-Platina*.

Battu en différentes rencontres par les Argentins, l'empereur du Brésil fut forcé d'abandonner Montevideo; mais il chercha un dédommagement du côté de la Bolivie, à qui il enleva la province de Chiquitos, en même temps qu'il envoyait en Europe le marquis de Santo-Amaro avec la mission de sonder le cabinet des Tuileries sur ce double objet: annexion de la Bande-Orientale au Brésil; établissement d'une monarchie bourbonienne qui comprendrait les anciennes provinces da la vice-royauté de Buenos-Ayres.

Dom Pedro 1er, on le voit, chargeait la diplomatie de réparer l'échec subi per ses armes. Il avait changé de tactique, mais il poursuivait le même but, en flattant l'ambition dynastique d'une maison ramenée par le triomphe de la Sainte-Alliance.

C'était là, évidemment, un retour vers les traditions du passé, puisque, en renversant les Républiques issues des principes de 1789, il aidait à étouffer, comme les Bourbons l'avaient fait en 1823, en Espagne, les germes féconds répandus jusqu'au delà de l'Atlantique par la Révolution française.

La chute de Charles X, qui précéda de quelques mois seulement l'abdication de Dom Pedro Ier, fit échouer la négociation du marquis Santo-Amaro, mais sans décourager le gouvernement brésilien.

Il n'est pas inutile de rappeler ici que les ardentes convoitises des Brésiliens avaient vivement préoccupé Bolivar et que le héros colombien proposa à Buenos-Ayres de joindre ses troupes à l'armée argentine pour, après avoir affranchi Montevideo, rejeter le Brésil dans ses *sertões* torrides.

La même pensée de s'unir pour couper court aux usurpations du gouvernement de Rio fut émise par les principaux hommes d'Etat et publicistes du Sud-Amérique: Monteagudo, Bello, les deux Rosas (le chilien et le platéen), Rivadavia, etc.

On prétend que, à l'exemple du czar Pierre le Grand, dont le testament trace la route qui conduit de Moscou à Constantinople, dom Pedro Ier désigna Montevideo comme le but principal de la politique de ses successeurs.

Le cabinet brésilien a, en effet, profité de toutes les circonstances pour s'immiscer, soit ouvertement, soit indirectement, dans les affaires intérieures des États platéens.

En 1846, il sollicita la France et l'Angleterre de joindre leur intervention à la sienne pour pacifier la République Argentine. Cette proposition, derrière laquelle se dissimulaient mal des visées ambitieuses, ne fut pas acceptée, et les deux nations occidentales intervinrent seules.

En 1852, l'anarchie effroyable qui désolait l'estuaire platéen offrit au Brésil l'occasion si fiévreusement attendue. La tyrannie de Rosas avait exaspéré les provinces Argentines. Une alliance fut formée entre le cabinet de Rio-de-Janeiro et le général Urquiza, qui aboutit à la victoire de Caceros. Comme aujourd'hui, les baïonnes brésiliennes imposèrent à l'Uruguay la dictature du *colorado* Florès ; comme aujourd'hui, les *contos* brésiliens entretinrent le zèle du *caudillo* et de ses partisans.

Le gouvernement impérial croyait tenir dans ses mains la proie si ardemment convoitée ; mais il avait compté sans le patriotisme argentin. Une fois encore, il fallut se résigner à la retraite ; ce ne fut pas, cependant, sans retenir en payement de ses frais de guerre une portion considérable du territoire Oriental.

Aujourd'hui, enfin, un ouvrage semi-officiel, qui vient de paraître sous la signature de M. Michelena y Rojas, déchire les derniers voiles relativement au but poursuivi par le Brésil dans la guerre contre le Paraguay. Le Brésil aurait proposé au cabinet des Tuileries « de lui céder, pour accroître sa colonie de Cayenne, tout le territoire y contigu, jusqu'à la rive gauche de l'Amazone, moyennant son appui tacite dans l'annexion de Montevideo (1). »

Cette révélation, qui éclaire d'un jour [illegible], en le complé-

(1) *Exploration* faite officiellement et pour la première fois par voies fluviales, du Nord de l'Amérique méridionale jusqu'à Nanta dans le Haut-Marañon, ou Amazone, et par l'Amazone jusqu'à l'Atlantique, etc., dans les années 1855 à 1859, par F. Michelena y Rojas. Bruxelles, 1867. Paris, librairie internationale.

tant, le traité du 1er mai 1865, donne aussi sa véritable signification au décret du 7 décembre.

Tous ces actes qui s'enchaînent et qui ne sont que des manifestations de la même pensée, ne laissent plus subsister le moindre doute sur la ferme volonté du cabinet de San-Christovão, de mener à bonne fin l'œuvre laissée inachevée par Dom Pedro Ier.

Nous conviendrons volontiers que le dernier de ces actes, — l'ouverture faite au gouvernement français au sujet de l'agrandissement conditionnel de la colonie de Cayenne, — qui coïncide avec l'occupation de Montevideo et avec la campagne entreprise contre le Paraguay, se produisait au milieu de circonstances favorables aux convoitises du Brésil.

L'Espagne venait de s'emparer violemment des îles Chinchas, à la faveur d'une *revendication* qui ne tenait aucun compte des établissements fondés par la Révolution victorieuse.

La Prusse et l'Autriche étaient en train de *protéger* les duchés de l'Elbe; et, sans être un profond politique, il était facile de prévoir que, sous prétexte d'unification, le vieux droit de conquête allait réapparaître sur la rive droite du Rhin. Si l'annexion du Hanovre, de Nassau et de Francfort n'était point consommée encore, celle du Schleswig-Holstein semblait être imminente.

Or, comme l'Europe n'était point intervenue sur les bords de l'Elbe, en faveur du Danemark et des duchés;

Comme ni l'Europe ni les Etats-Unis n'avaient protesté contre l'agression brutale de l'Espagne, le Brésil s'imaginait que le champ restait libre aux usurpations audacieuses.

Un autre motif détermina le cabinet brésilien à précipiter la solution de son entreprise.

Nous savons que le bassin de l'Amazone est inhabitable pour les Européens, et que des Africains seuls peuvent y être utilement transportés.

Les tentatives de colonisation faites en 1836 et 1854 sur l'estuaire amazonien, et qui aboutirent à un double échec; les déceptions de la Compagnie de l'Amazone en 1857; le navrant insuccès de la colonie de Nossa Senhora do Ó, établie sur les bords du Tocantins, et qui a précédé le désastre immense du Mucury, justifient la première partie de notre proposition; la seconde partie n'est qu'une question de géographie; elle trouve sa solution dans ce fait connu de tous, que le bassin de l'Amazone est situé dans la zone équatoriale, sous les mêmes latitudes où le soleil rôtit les nègres de Zanzibar et ceux de Tombouctou.

Les Américains du nord, ne s'y sont pas laissé tromper. Aussi, se préparent-ils à expédier dans ces régions incandescentes et malsaines le plus qu'ils pourront des nègres récemment émancipés par la victoire des unionistes. Tel est le sens des *traités d'émigration* qui viennent de se passer entre les Etats-Unis et le Brésil.

En attendant l'exécution de ces traités, qu'un auteur compétent qualifie, dans un de ses derniers ouvrages (1), de *Traite des noirs libres*, le Brésil se trouve en présence d'une pénurie de bras occasionnée par les nouvelles conditions économiques où, depuis 1845, le bill Aberdeen a placé cet empire.

Il ne faut plus songer aux cargaisons de *bois d'ébène* exportées naguère encore de la côte d'Afrique, et le *bois de jacaranda* devient de jour en jour d'une acquisition plus difficile, par suite des nombreuses *razzias* opérées dans les tribus indiennes (c'est le savant Aguassiz qui l'affirme) par des traficants immondes. Mais on peut espérer ramener l'émigration européenne sans laquelle l'agriculture brésilienne, aujourd'hui agonisante, demain aura cessé de vivre.

Pour atteindre ce but, il n'y a qu'à offrir à cette émigration des terres fertiles, situées dans un climat tempéré.

Or, les terres dont il s'agit, la nature les a placées au delà de la frontière méridionale de l'empire, sur les deux rives du fleuve Uruguay.

Donc, le droit de la force étant admis, et aussi l'indifférence de l'Europe, que l'on abuse par le trompe-l'œil de l'ouverture de l'Amazone, on échangera volontiers les solitudes torrides de l'équateur contre les plaines luxuriantes qui aboutissent à Montevideo.

Il existe une dernière cause, et ce n'est pas la moins importante, qui explique la ferme volonté du Brésil de trancher définitivement cette question de l'intégrité de l'empire, question si chère à M. Limpo de Abreu, et pour la solution de laquelle le cabinet de San-Christovão est décidé à employer les remèdes héroïques (*remedios heroicos*) dont parlait, dans une lettre écrite le 29 juin 1856, le vicomte de l'Uruguay.

Cette intégrité est évidemment menacée au sud plus encore qu'au nord, par la résistance heureuse des Paraguayens.

(1) *Antagonisme et solidarité des États orientaux et des États occidentaux de l'Amérique du Sud*. Paris, Dentu, 1866.

Ceux qui, comme nous, connaissent l'humeur belliqueuse et l'esprit d'indépendance des populations sang-mêlé de la province intérieure de San-Pablo et de la province frontière de San-Pedro, ne s'étonneront pas d'apprendre que sur ces deux points sont concentrées toutes les forces vitales de l'empire. Ces métis turbulents et hardis sont les dignes descendants de *bandeirantes* qui portèrent si longtemps la dévastation, le pillage et le meurtre dans les Réductions des Jésuites, et qui pénétrèrent à travers le désert, jusqu'aux rives de l'Amazone, où se trouvait, d'après la tradition, la ville aux *Armures d'or*, mais d'où ils ramenaient comme un vil bétail, et par milliers, les Indiens qu'ils avaient surpris et dont ils faisaient leurs esclaves.

Les habitants de San-Pedro-do-Sul, nés du mélange avec les Indiens Charruas, Patos, Corijos, ont conservé tous les instincts farouches des anciennes hordes, ainsi que l'a prouvé l'affaire du *Prince-de-Galles*, dont il a été parlé plus haut. *Estanceiros* ou *Salgadores*, ils vivent en plein air, soit dans les plaines fertiles ui longent la mer, soit dans les espaces sablonneux (*vacaria*) qui s'étendent à l'ouest.

Les innombrables troupeaux de chevaux et de bœufs qui peuplent les pâturages de la province brésilienne de San-Pedro-do-Sul, et qui font la fortune de ce pays, proviennent des *razzias* que firent les soldats brésiliens sur le territoire Oriental, pendant la campagne de 1827. Or, depuis cette époque, les Rio-Grandenses n'ont point cessé leurs irruptions à main armée chez leurs riches voisins. Seulement les *razzias*, appelées aussi *entradas*, ont changé de nom ; elles s'appellent aujourd'hui *californias ;* on devine pourquoi.

Avec des habitudes pareilles, on comprend que les habitants de ces deux provinces soient impatients du joug que fait peser sur eux une centralisation ombrageuse et hautaine. Toujours à cheval, bravant incessamment les intempéries des saisons et les dangers d'une existence sans frein, ces rudes *péones* sont trempés pour la lutte comme les *Gauchos* d'Entre-Rios, comme les *Vaqueiros* de l'Orenoque. Leur caractère à demi sauvage et leur courage à toute épreuve expliquent suffisamment comment, aidés de leurs fougueux voisins, les *mamalucos* paulistes, ils ont pu tenir en échec, pendant plus de dix ans, toutes les forces de l'empire.

Livrée au pouvoir central par les chefs du mouvement séparatiste, mais non domptée, la province de Rio-Grande « sent bien qu'elle a en elle tous les éléments possibles d'indépendance, » ainsi que le déclare M. Ferdinand Denis ; (on n'est jamais trahi que par ses amis.) Si donc ses rudes habitants n'ont plus songé à se révolter, c'est par cette raison que, en dehors de l'industrie dont parle le juge municipal Garcez, dans son rapport sur le pillage du *Prince-de-Galles*, leurs courses fructueuses sur le territoire de l'Uruguay servaient de dérivatif au besoin d'activité qui les dévore.

D'aucuns ont prétendu que le gouvernement de Rio-de-Janeiro fermait complaisamment les yeux sur les déprédations commises, au delà des frontières ; d'autres, le cabinet du président Aguirre, par exemple, sont allés jusqu'à accuser hautement les ministres brésiliens de favoriser les instincts de rapine de leurs nationaux. Ceux-là s'appuyaient, non sans raison, sur ce fait avéré de la présence dans les bandes de Florès, de nombreux mulâtres de Rio-Grande et de *mamalucos* de Saint-Paul, et aussi du commandement de dix-neuf de ces bandes (dix-neuf sur vingt-quatre !) déféré à des officiers de la milice de ces deux provinces.

Ce fait, signalé par le président Aguirre aux puissances garantes de l'indépendance de Montevideo, a été reproduit, en son temps, par les principaux organes de la presse européenne et américaine ; mais, ce qui n'a pas été suffisamment établi, c'est le mouvement continu d'immigration brésilienne sur le territoire de l'Uruguay et sur la province argentine de Corrientes.

Ce mouvement reçoit-il son impulsion de Rio-de-Janeiro ?

Ceux qui connaissent la nature des craintes exprimées dans sa correspondance officielle par le marquis d'Abrantès, répondront peut-être négativement.

En effet, ce diplomate redoutait l'absorption de son pays par les émigrants allemands, et il accusait la Prusse d'envoyer ses pionniers en avant, dans l'intention d'établir au Brésil de petites Allemagnes (1).

Sans doute, la logique et aussi la loyauté repoussent l'adoption d'une mesure qui est signalée comme un danger national, et le cabinet de Rio, qui ne veut pas chez lui de *petites Allemagnes*, ne tenterait pas d'établir dans les provinces qui touchent à ses frontières de *petits Brésils*.

Nous avouons que ce raisonnement ne nous convaincra point ;

(1) *Estabelecer pequenas Allemanhas dentro do Brasil.* Lettre du 14 novembre 1853.

nous croyons même que le Brésil a été bien plus logique, en préparant le terrain où il voulait plus tard lancer ses bataillons.

Cette émigration constante des Brésiliens vers la Bande-Orientale et les provinces Argentines limitrophes, ne donne-t-elle pas l'idée d'une prise de possession pacifique, en attendant l'invasion armée des Rio-Grandenses? Ce mouvement est évidemment provoqué en vue du but qu'on veut atteindre, et ce but est tellement visible pour les Brésiliens des frontières que, dans ces derniers temps, l'ardeur des Rio-Grandenses ne pouvait plus être contenue.

L'objectif, c'était la République Orientale avec ses magnifiques pâturages et ses plaines fertiles. On le leur avait montré comme une proie à conquérir; donc on le leur avait promis, et l'heure de s'exécuter venait de sonner. Les convoitises de ces populations avaient été si bien aiguillonnées que, irritées des prétendues lenteurs du ministre Saraiva, les mulâtres de Rio-Grande proposèrent à leur gouvernement de faire la guerre à Montevideo pour leur propre compte.

C'est ainsi que les événements accomplis et ceux qui étaient à la veille de s'accomplir tant de ce côté que de l'autre côté de l'Atlantique, autorisaient à croire que le rêve étoilé de Dom Pedro Ier allait enfin être réalisé.

Jamais, en vérité, les destins ne s'étaient montrés propices à ce point.

Le droit des nations, nous venons de le dire, a été mitraillé à Düppel par les canons prussiens, et impunément souffleté par l'Espagne dans le Pacifique; ce droit peut donc être égorgé, sans danger aucun, sur l'estuaire platéen?

De ce côté de la frontière brésilienne, les *péones*, surexcités, serrent entre leurs cuisses nerveuses leurs chevaux frémissants. La hache des *naufrageurs* a été rejetée dans un coin. La lance en arrêt, ils n'attendent que le signal pour s'élancer en avant.

De l'autre côté, Florès tient la campagne avec ses bandes composées en majorité de *Brésiliens* et que commandent des officiers *brésiliens*, pendant que les colons *brésiliens* de l'Uruguay jettent un cri de détresse et appellent leurs compatriotes à leur secours.

Enfin, sur la rive droite de la Plata, le président Mitre, l'épée à la main, la pointe appuyée sur les bombes qui doivent incendier Paesandu, se tient dans une attitude défensive, visiblement favorable aux armes impériales.

On le voit, toutes les précautions sont prises et la mise en scène ne laisse rien à désirer.

Dans l'enivrement que cause la certitude d'un triomphe prochain, le cabinet de San-Christovão ne prête qu'une oreille distraite à un rugissement qui a retenti du côté de Humaïta. Ce rugissement, plein de menaces, pourtant, a été poussé par le Lion Paraguayen.

C'est ainsi que le Brésil, pillé, ruiné, égorgé, dans la personne de ses nationaux établis sur le territoire Oriental ; provoqué, insulté, défié par le maréchal Lopez, pauvre Brésil ! marche contre Montevideo, pour y défendre la cause sacrée de la liberté et de la civilisation.

Vaillant et noble Brésil !

Et servi par la trahison de Florès et par la complicité de Mitre, le Brésil entre dans Montevideo dont il confie provisoirement la garde au Judas Oriental.

Nous avons cru devoir donner un certain développement à cette partie de notre travail, par la raison que le point que nous venons d'éclairer représente le pivot de notre démonstration.

VI

Voilà donc le Brésil, qui non-seulement a envahi l'Uruguay, mais encore qui domine par ses escadres et ses bâtiments cuirassés les provinces Argentines riveraines. Sa position est formidable ; on s'en inquiète sérieusement à Buenos-Ayres, où *El Pueblo* du 21 janvier vient de pousser le cri d'alarme.

Maintenant il reste à savoir si le Brésil n'a pas compté sur l'effet que produirait des deux côtés de l'Atlantique le d[illegible] du 7 décembre, pour réclamer à Florès, après la campagne du Paraguay, le dépôt qu'il a remis entre ses mains ; en d'autres termes, si le Brésil, maître de l'embouchure de la Plata, abandonnera volontairement sa proie Orientale.

Poser la question, c'est, croyons-nous, la résoudre.

Puisqu'il est prouvé que, depuis les premiers temps de la conquête, les Portugais ont constamment ambitionné la possession de ces fertiles contrées ; puisqu'il est acquis que dom Pedro Ier et son successeur ont suivi la même ligne de conduite et que, soit par les armes, soit par les négociations, ils ont tendu vers le même but, il serait puéril d'admettre que le cabinet San-Christovão renierait, par excès de générosité, sa politiq traditionnelle.

Le Brésil gardera donc Montevideo si on le laisse faire, m gré la promesse formelle faite à l'Angleterre par les minist de dom Pedro II, de ne point chercher dans la guerre actue un agrandissement de territoire (1).

Cette intention se révèle dans le fait suivant, qui caractér la politique astucieuse et prévoyante de l'empire esclavagiste

Le Brésil entretient à Montevideo un pensionnaire, Flor Florès n'est, à vrai dire, que l'intendant de l'empire. Armé de dictature, comme un *feitor* de sa chicote, cet intendant gè pour le compte de celui qui paye la trahison, la propriété *bré lienne* de l'État Oriental.

Or, le jour où le maître, après avoir largement récompensé dévoûment de son fidèle serviteur, réclamera les clefs de s domaine, Florès, qui pourrait en douter ? s'empressera de apporter, sur un plateau en vermeil, à son noble et généré seigneur.

Qu'arrivera-t-il alors?

Évidemment, les puissances qui auront été abusées par pseudo-libéralisme étalé sur les bords de l'Amazone, protes ront énergiquement contre cette audacieuse violation traités.

Le Brésil se fera plus humble que jamais; plus que jam aussi il parlera des intérêts du commerce et des droits sac de la civilisation qu'il a mission de protéger dans l'Amériq latine.

Ses diplomates invoqueront l'impérieuse nécessité de rectif les frontières méridionales de l'empire ; de balayer définitiv ment les éléments de désordre qui ne cessent de s'agiter sur territoire Oriental, et de doter enfin d'une paix durable belles contrées que trouble constamment la division des par *blanco* et *colorado*.

Une pareille apologie de ses actes ne pourra être admise p les puissances maritimes.

(1) Ces ministres sont les mêmes qui ont signé le traité du 1er mai 18 qui consacre le démembrement du Paraguay, ne l'oublions pas. Ce s toujours les mêmes hommes d'État qui ont engagé leur parole envers gouvernement français (voir dans le Livre bleu de l'année dernière la claration de M. Drouyn de Lhuys), au moment même où ils signaient traité dont il s'agit.

Faute d'argument sérieux, le Brésil cherchera à abriter son usurpation derrière la complaisante théorie des faits accomplis.

Cette dernière évolution lui réussira-t-elle mieux ?

Nous nous refusons à le croire ; car le Brésil ne pourrait se maintenir à Montevideo qu'en soumettant cette nouvelle conquête aux conditions qui, seules, garantissent encore « l'intégrité de l'empire ; » conditions qui correspondent à des conséquences lamentables pour l'humanité, pour la civilisation et pour le commerce universel.

La première de ces conséquences est naturellement l'extension de l'institution servile, d'abord sur la rive gauche, et ensuite, par la force des choses, sur la rive droite de la Plata. Ces régions généreuses, que la révolution a affranchies et qui cherchent leur réorganisation dans un régime de liberté, d'ordre et de travail, perdraient ainsi tous les bénéfices du sang versé et subiraient l'inoculation mortelle du virus esclavagiste.

Faudra-t-il rappeler encore, à l'appui de notre assertion, les scènes scandaleuses qui se sont passées après la bataille de Yatay, où les survivants des prisonniers paraguayens ont été partagés, avec le reste du butin, entre les chefs de la triple alliance ? et aussi l'irruption sauvage des cavaliers de Rio-Grande, après la capitulation de Uruguayana, au milieu de leurs ennemis désarmés ?

Oh ! ce sont bien les *naufrageurs* du *Prince-de-Galles*, ces bandits dont chacun, à défaut d'une riche cargaison à piller, saisit un jeune Paraguayen, le jette en croupe derrière lui, et le transporte à son campement pour en faire son esclave ! (1)

Une fois établis à Montevideo, les ministres brésiliens pourraient surveiller la turbulente province de San-Pedro et l'empêcher, momentanément, du moins, de joindre ses aspirations à celles des provinces argentines qui bordent les trois fleuves qui forment la Plata.

Mais, formidablement armé contre les révoltes brutales,

(1) Cet abus odieux de la force victorieuse, qui nous ramène aux invasions des Huns et des Vandales, s'est accompli en présence des présidents Florès et Mitre, de l'empereur dom Pedro II et de ses deux gendres, le comte d'Eu et le prince de Saxe-Cobourg.

Flétri par la presse honnête de tous les pays, l'acte des *péones* de Rio-Grande n'a été démenti ni par le Brésil officiel, ni par les plumes dont le dévoûment lui est acquis. (Voir : LE BRÉSIL, MONTEVIDEO, BUENOS-AYRES ET LE PARAGUAY DEVANT LA CIVILISATION, par *Charles Expilly*, p. 87 et suivantes, et p. 124. Dentu, éditeur. Paris, 1866.)

l'empire aurait à compléter son système de compression en é blissant au sud le barrage déjà établi au nord.

En effet, le Brésil représentant, par ses institutions sura nées : le monopole colonial, la confiscation des voies navigabl la compression de l'activité humaine, la centralisation tyra nique et inféconde, enfin l'oppression systématique d'une ra par une autre race, il s'ensuit que les ennemis naturels Brésil, les ennemis qui le menacent dans son intégrité terri riale et dans son existence politique et sociale, sont les id modernes qui proclament le libre échange des produits, décentralisation administrative, l'affranchissement du trava et, par conséquent, la communion des âmes dans l'égalité dans la fraternité.

Ces idées, éminemment révolutionnaires et anarchiques, point de vue du droit ancien qu'a renversé le souffle purifi teur de notre immortelle Révolution, mais sur lequel, pourta est encore assise la société brésilienne, pourraient remonter affluents de la Plata et s'introduire, en même temps que marchandises européennes, dans les provinces intérieures l'empire.

Le moyen de conjurer ces dangers, indiqué d'abord l'article 11 du traité de la triple alliance, est explicitem contenu dans les articles 1, 2 et 4 du décret du 7 décembre 18 Il faut étendre jusqu'à l'embouchure de la Plata la prohibiti qui pèse sur les affluents de ce fleuve pendant leur parcours le territoire impérial. Le salut est là pour le Brésil mono leur et esclavagiste. Le Brésil le sait ; et, comme il veut con nuer à vivre à l'aide de la compression, il est forcé, par la lo que, de consigner à la porte de son territoire la liberté co merciale qui le transformerait.

Voilà comment le Brésil, qui s'est isolé du double mou ment philosophique et économique qui entraîne les socié modernes, et qui, dès lors, n'a pu comprendre que les destin des peuples sont désormais irrévocablement liées au dévelop ment des institutions libérales ; voilà comment, disons-no le Brésil est fatalement condamné, afin de prolonger quel temps encore son existence précaire, à nier les conquêtes de science et à repousser la loi divine du progrès, comme éta subversive de tout ordre, de toute morale, de toute justice, toute religion.

Le châtiment est grand, mais il est mérité.

Semblable au voltigeur sexagénaire de Condé, le Brésil

conservé toutes les traditions du passé. Dans le siècle de la vapeur et de la télégraphie électrique, *il n'a rien oublié ni rien appris.*

C'est pourquoi son système économique repose toujours sur la protection et sur le monopole; c'est pourquoi aussi l'esclavage, cette exécrable et cynique manifestation du droit païen, est resté, pour ce pays catholique, l'idéal des institutions humaines.

Donc, le Brésil gardera Montevideo, si on le lui permet; et, afin d'arrêter la contagion des idées *anarchistes*, il barrera au sud, comme il l'a fait au nord, le passage au commerce et à la civilisation.

Nous avons donné sa véritable signification au décret du 7 décembre 1866, en établissant la connexité de ces quatre propositions:

Ouverture de l'Amazone,
Annexion de la Bande-Orientale,
Fermeture des affluents de l'Amazone,
Fermeture des affluents de la Plata.

Il nous resterait beaucoup à dire encore au sujet des États du Pacifique, dont les intérêts vitaux se trouvent manifestement lésés par le barrage établi sur les affluents de l'Amazone; mais le développement que comporte ce côté de la question nous mènerait très-loin. Nous ne renonçons point, toutefois, à aborder, sous ce nouvel aspect, le décret du 7 décembre.

Pour aujourd'hui, il nous suffit d'avoir arraché le masque de faux libéralisme dont s'était affublé le cabinet de San-Christovão, et d'avoir précisé la portée de ce fameux décret signé, quoi qu'on en dise, comme l'ordonnance du 6 novembre précédent, au milieu des lueurs sombres qu'a projetées, jusqu'aux extrémités de l'empire de Bragance le canon vengeur de Curapaïty (1).

(1) Les journaux anglais du mois dernier (mai) rapportent une conversation qui a eu lieu entre lord Stanley et le ministre des Etats-Unis à Londres, au sujet des affaires de la Plata. Cette conversation nous autorise à croire que le complot formé par les ministres brésiliens, par Mitre et par Florès est sur le point d'être déjoué.

En effet, le secrétaire d'Etat aux affaires étrangères d'Angleterre ne se serait pas borné à déplorer le refus opposé par le Brésil à l'offre de médiation des Etats-Unis; il aurait encore exprimé formellement le désir de voir

Sur ce double point, notre démonstration est, croyons-nous, complète.

Nous ne pouvons mieux terminer notre travail qu'en reproduisant les lignes suivantes, qui résument la brochure dont il a été parlé plus haut :

« L'ouverture de l'Amazone n'est profitable qu'à de rares voyageurs : pendant longtemps, des savants et des artistes longeront ses rives, mais peu de négociants. Il faudra les investigations des géographes, des naturalistes et aussi des peintres ; il faudra un demi-siècle d'études préparatoires, avant que l'industrie puisse tirer aucun avantage pratique de la liberté qu'on lui octroie aujourd'hui avec tant de fracas.

« Dans le Nouveau-Monde, les brûlantes solitudes de l'Amazone sont l'équivalent des mystérieuses régions situées au centre de l'Afrique équatoriale. L'ouverture du plus grand des fleuves est incontestablement un service rendu à la civilisation ; mais elle n'est pas un dédommagement qui puisse l'indemniser du tort qu'on voudrait lui causer en arrachant au régime de liberté les contrées que fertilisent les affluents de la Plata, affluents qu'on fermerait pour arrondir et agrandir violemment le Brésil et donner une force nouvelle à sa détestable institution : l'esclavage. »

la médiation repoussée par le Brésil se transformer en une intervention active, la Grande-Bretagne étant disposée à envoyer une escadre dans les eaux de la Plata, pour faire cesser une guerre désastreuse et pour le commerce et pour l'humanité.

Il y a plus : sur la demande de lord Stanley, le cabinet des Tuileries se serait uni d'accord sur ce point avec le cabinet de Saint-James, et les représentants de la France et de l'Angleterre à Rio-de-Janeiro, Montevideo et Buenos-Ayres auraient reçu des instructions tendant à amener les confédérés à conclure la paix avec le Paraguay.

Nos espérances sont donc justifiées.

Puisque les puissances maritimes veillent, les intérêts du commerce et les droits de la civilisation seront sauvegardés ; et les nobles populations de la Plata, ruinées déjà par une guerre fratricide, ne payeront point, par la perte de leur indépendance et le retour au régime colonial, l'indemnité poursuivie par l'empire des noirs pour l'ouverture de l'Amazone.

VII

Un mot encore ; ce sera le dernier, pour le moment du moins.

Nous avons précisé le but poursuivi par le Brésil, à la faveur de ce tompe-l'œil que le décret du 7 décembre appelle pompeusement : *l'Ouverture de l'Amazone et de ses affluents.*

Les affluents restent fermés au commerce et à la civilisation et aussi le « *majestueux San-Francisco,* » ce qui réduit pour le présent à l'établissement de quelques comptoirs anglais et américains les immenses avantages que ce décret faisait habilement miroiter aux yeux des grandes puissances maritimes.

Il n'en est pas moins vrai que, si la libre navigation sur l'Amazone seule n'ouvre pas immédiatement à l'activité sociale les splendides marchés qu'on lui laissait entrevoir, cependant elle assure aux générations futures de magnifiques résultats.

Ces résultats sont dès aujourd'hui acquis, magré le Brésil. Nous répétons *malgré le Brésil*, parce que cet empire, incrusté dans ses institutions retardataires, a évidemment faussé sa politique traditionnelle le jour où il a permis à la civilisation de traverser un coin de son territoire.

Nous avons cité les paroles du ministre des affaires étrangères du Brésil, M. Limpo de Abreu, contenues dans le mémoire que cet homme d'Etat adressait le 13 novembre 1853, au ministre des Etats-Unis, à Rio-de-Janeiro. M. Limpo de Abreu était nourri des saines traditions laissées par ses prédécesseurs, lorsqu'il déclarait tant au cabinet de Washington qu'aux cabinets de Paris et de Londres que « la concession qu'on lui demandait serait préjudiciable à l'empire, en mettant l'intégrité de son territoire en danger, sans utilité aucune pour le commerce extérieur. »

Et encore :

« La navigation de l'Amazone ne peut être d'aucun intérêt et avantage aux nations qui ne sont pas limitrophes. »

Les contradictions abondent dans le mémoire que nous venons de citer, car, à côté de l'affirmation qui précède, nous rencontrons l'appréciation suivante :

« L'Amazone, fût-il entièrement ouvert au commerce, c'est par l'Atlantique et le Pacifique que ces Etats (l'Equateur, le Pérou, Venezuela et la Nouvelle-Grenade) se mettront en relation avec le reste du monde. »

Il ressort nettement de ces déclarations, même de celles qui se contredisent, que la politique du Brésil s'opposait absolument à l'ouverture de l'Amazone. Tout au plus si les organes de cette politique laissaient entrevoir la possibilité de donner satisfaction *dans cent ans !* aux intérêts généraux qui réclamaient le libre parcours sur le grand fleuve brésilien.

Dès lors, on est en droit de rechercher les raisons qui font fléchir sur un point aussi important, aussi capital pour le Brésil, la politique égoïste du cabinet de San-Christovão.

Le but est connu; nous l'avons signalé en dévoilant les projets d'annexion poursuivis sur la rive gauche de la Plata; mais la cause déterminante des décrets successifs qui ont abouti à celui du 7 décembre, nous la trouvons dans la situation critique que créaient pour l'empire esclavagiste les défaites sanglantes d'Estero-Bellaco, Tuyuti et Curupaïty. Cette situation a seulement été indiquée jusqu'ici; elle mérite, à cause de son importance, d'être complétement éclairée par la constatation des faits qui l'ont produite.

Nous n'avons pas suffisamment insisté, non plus, sur le rôle supérieur que remplit, dans le conflit actuel, le peuple paraguayen; ni sur les services réels qu'il rend à la cause de la liberté et de la civilisation.

Qui aurait cru, avant l'ouverture des hostilités, que le Paraguay isolé, perdu au milieu des solitudes du Nouveau-Monde, ignoré presque des nations européennes, possédât une vitalité telle qu'il fût capable de tenir en échec les forces de trois puissances coalisées contre lui?

Comment l'Europe ne s'y serait-elle pas trompée, puisque le Brésil et Buenos-Ayres, voisins de ce petit Etat, n'avaient pour sa faiblesse apparente que du dédain et même du mépris!

Les conditions au milieu desquelles se développait la République paraguayenne avaient entièrement échappé à l'appréciation des puissances qui convoitaient son territoire. Pour ces puissances, les Paraguayens étaient restés les disciples obéissants des Jésuites; c'étaient des façons de Peaux-Rouges habitués au joug par Francia et courbés servilement, depuis lors, sous la volonté indiscutable des dictatures; incapables, par conséquent, d'affirmer leurs droits d'hommes libres et de nation indépendante.

La vigueur et le génie avec lesquels la guerre actuelle est conduite prouvent combien était fausse l'idée qu'on se faisait de l'état du Paraguay.

Les Confédérés étaient, au début ; ils sont encore les maîtres absolus des rivières et de la mer. Au commencement de la campagne, ils possédaient des forces relativement considérables, commandées par des capitaines renommés ; supérieurs sur terre, ils dominaient également sur les fleuves où circulaient librement leurs escadres orgueilleuses et leurs bâtiments cuirassés. Ils avaient toute facilité pour tirer de l'Europe abusée des navires, des hommes et des munitions.

Le Paraguay méconnu, calomnié, bloqué, ne pouvait compter que sur l'héroïsme de ses citoyens et sur la capacité du chef qu'il s'était donné.

C'était assez.

Les événements qui se sont accomplis sur l'estuaire platéen depuis deux ans ont justifié la confiance qu'avait inspiré le maréchal Lopez, en même temps qu'ils ont révélé au monde les ressources inépuisables qu'un homme de génie sait trouver au sein d'une nation, faible géographiquement, mais puissamment organisée, et animée de ce sentiment du droit qui ne laisse d'autre alternative que la mort ou la victoire.

Ces Paraguayens, que des plumes ignorantes ou passionnées représentaient comme des Indiens abrutis, ont mérité l'admiration des peuples par leur vaillance peu commune.

Le maréchal Lopez, qu'on a traité de cacique, de niais, de barbare, de soldat vaniteux et stupide, bien qu'il se fût affirmé déjà comme un négociateur habile, comme un diplomate éminent, tant en Europe qu'en Amérique, surtout le jour où il opéra la réconciliation — réconciliation éphémère, hélas! — de Buenos-Ayres et des provinces Argentines ; le maréchal Lopez vient de s'affirmer de nouveau comme un éminent tacticien. Le chef de hordes, le *sauvage*, a infligé de sanglantes leçons aux généraux *civilisés* que lui opposait la triple alliance ! Il les a tous culbutés, tous usés, ces capitaines présomptueux qui croyaient que la première bataille serait la dernière, et qu'une victoire suffirait pour les conduire à l'Assomption, capitale du Paraguay.

Osorio et Florès ont eu pour successeurs Tamandaré, Porto-Alegre et Polidoro ; ceux-ci ont été remplacés par le maréchal Caxias et l'amiral Francisco-José Ignacio ; tous, les premiers, comme les derniers, se sont brisés contre l'énergique résistance de la nation paraguayenne.

En présence de faits pareils, on est conduit à se demander comment cette petite, mais héroïque nation, a pu acquérir en quelques années une vitalité aussi grande.

La réponse à cette question nous oblige à remonter jusqu'à la dictature de Francia.

Certes, nous sommes loin d'approuver le système de compression employé par le célèbre docteur; mais cependant nous ne pouvons fermer les yeux sur les résultats obtenus par ce système.

Dégagée du cadre sombre que lui composait un despotisme inexorable, l'œuvre de Francia nous apparaît aujourd'hui dans toute sa grandeur.

Les faits dont nous sommes témoins nous disent encore combien Francia (il n'était alors que consul) avait judicieusement apprécié le caractère paraguayen, puisque, déjà, il entrevoyait tout ce que ce caractère, développé dans le sens de l'indépendance nationale, devait produire de grand, à un moment donné.

Voici, en effet, la déclaration que nous trouvons dans un document historique daté du 25 octobre 1813 :

« ... Le Paraguay est idolâtre de son indépendance... le temps viendra où, sans la moindre perturbation, le Paraguay pourra manifester son énergie et faire, au besoin, d'étonnants sacrifices (1). »

Ces paroles prophétiques sont en train de se réaliser.

Entouré de républiques nouvellement affranchies, mais dont la régénération était incessamment retardée par les sanglantes compétitions des ambitions locales, Francia isola absolument son pays, dans le double but de le soustraire à l'influence funeste de l'anarchie qui ravageait les pays voisins, et de créer l'homogénéité paraguayenne.

Cette homogénéité fut créée; voilà le vrai titre de gloire de Francia. Dès lors, le Paraguay était né à la vie des nations, et dans les profondeurs de cette société nouvelle existaient des éléments nombreux de résistance, qui n'attendaient qu'une tête vigoureuse pour être définitivement organisés.

(1) Réponse des Consuls de la République, doctor José Gaspar de Francia et Fulgencio Yegros, au ministre de Buenos-Ayres, à l'Assomption. Don Nicolas de Herrera.

Ce fut au général Solano Lopez qu'échut cette tâche généreuse, mais difficile.

Pendant que le président Carlos A. Lopez abaissait les barrières élevées par Francia entre le Paraguay et le monde extérieur, le brigadier Solano travaillait à établir la solidarité des droits et des intérêts entre tous les membres de la famille paraguayenne.

Ses efforts, sur ce point, furent couronnés d'un plein succès.

Aussi la guerre actuelle, moins noble peut-être, mais tout aussi acharnée que celle de l'indépendance, trouva-t-elle le Paraguay, non-seulement en état de faire face à une coalition qui menaçait sa souveraineté, son intégrité territoriale et les libertés platéennes ; mais encore capable de briser cette coalition, et, de plus, prêt à poursuivre, après la victoire, l'accomplissement des destinées qui lui sont réservées.

Et, en effet, puisque la République Argentine, en proie à des convulsions périodiques depuis plus d'un demi-siècle, par suite de l'absence d'un pouvoir vraiment national, est impuissante à remplir la noble mission que lui impose sa position exceptionnelle à l'embouchure de la Plata ; le Paraguay, compacte et fort, parce qu'il est homogène, n'est-il pas naturellement appelé à revendiquer cette mission qui consiste à protéger, à défendre lès droits des Etats platéens ?

Comment pourrait-il en être autrement ?

Buenos-Ayres ne se contente pas de maintenir les stipulations obtenues après la journée de Pavon, qui établissent l'anarchie en permanence dans la Confédération Argentine ; cette orgueilleuse métropole est aveuglée au point de se liguer avec l'ennemi séculaire de la race hispano-américaine, dans l'espoir de replacer les provinces argentines sous son implacable despotisme.

Dans de pareilles conditions, le devoir du Paraguay est tout tracé, et l'hésitation ne lui est plus permise.

Devant l'abdication de Buenos-Ayres, le Paraguay deviendra tête de colonne.

Cet État remplira ainsi, sur l'estuaire platéen, le rôle prépondérant qui appartient au Chili sur les côtes du Pacifique ; il le remplira pour le plus grand bien de ces généreuses populations que dévore l'anarchie, et qui, incessamment tourmentées par des dissensions intestines, ne peuvent accomplir l'œuvre désirée de leur constitution définitive ; il le remplira aussi pour le plus grand avantage du commerce, qui a besoin des garanties d'une paix solide pour se développer progressivement.

C'est parce que le Paraguay a conscience des hautes destinées qui l'attendent, que son patriotisme a depassé celui du Massachussets, si justement mis en relief par le baron Charles Dupin, dans la séance du Sénat du 11 mars dernier.

Le Massachussetts ne possède qu'une population de 1 million 100,000 âmes, et cependant cet État, pour maintenir l'Union américaine, « a levé une armée de 100,000 hommes; il a fourni le quart de la flotte fédérale et donné 50 millions pour les armements. »

Le Paraguay a fait plus encore :

Dans le but, après avoir repoussé les insolents envahisseurs du sol sacré de la patrie, d'asseoir définitivement l'équilibre platéen sur la base de l'intérêt général, garanti par l'ordre et la liberté; il sacrifie en ce moment, et il est décidé à sacrifier jusqu'à son dernier homme, juspu'à sa dernière piastre (1).

Napoléon Ier a dit :

« Un pays ne manque jamais d'hommes pour résister à une invasion ou pour soutenir une grande guerre. »

Le petit peuple paraguayen, massé tout entier aux frontières de la République et tenant en échec, depuis deux ans, les trois ennemis qui ont juré sa perte, confirme d'une manière éclatante l'observation du grand capitaine.

En menant à bonne fin sa glorieuse entreprise, le Paraguay aura eu l'honneur d'achever l'œuvre patriotique de Sucre et de Bolivar; car, il ne faut pas s'y tromper, les victoires de Estero-Bellaco et de Curupaïty sont les dignes filles de Junin et d'Ayacucho, au même titre que Leuctres et Mantinée représentaient la noble postérité d'Épaminondas.

Les vaillantes épées dont il vient d'être question ont chassé l'étranger du sol américain.

(1) Ce mouvement, si éminemment national, a entraîné jusqu'aux femmes, jusqu'aux jeunes filles.

Dans une grande assemblée qui vient d'avoir lieu à l'Assomption, les dames paraguayennes ont imité la noble abnégation des femmes de Carthage.

Elles ont déclaré que, au milieu des graves épreuves traversées par le pays, chacun devait, pour le salut de tous, être prêt à sacrifier et son bien et sa vie.

En conséquence, pour venir en aide à leurs époux, à leurs fils, à leurs frères, qui combattaient aux frontières, elles faisaient don à la patrie de leurs bijoux, de leurs parures et de leurs diamants.

Le maréchal Lopez, lui, aura complété l'affranchissement des populations platéennes, en refoulant le Brésil dans la zone torride qui lui sert de barrière contre la civilisation moderne.

Il est facile d'apprécier maintenant les motifs de la haine implacable que l'empire du Brésil et le localisme de Buenos-Ayres nourrissent à l'endroit du chef paraguayen.

Cette haine s'étale au grand jour dans les articles 6, 7, 11 et 12 du traité du 1er mai 1865; elle s'étale dans la déclaration que le Brésil vient de faire à l'Angleterre, déclaration qui porte que la guerre actuelle est dirigée contre le gouvernement du Paraguay, c'est-à-dire contre le président maréchal Lopez, et non pas contre la nation paraguayenne.

Tant que Lopez sera debout, Buenos-Ayres ne pourra plus rétablir sa domination sur les provinces argentines ; et Lopez, placé à Humaïta avec les libertés platéennes, rend impossible l'annexion de Montevideo au Brésil.

Voilà comment les sanglantes défaites de Tuyuti et d'Estero-Bellaco, et surtout l'horrible désastre de Curupaïty, ont déjoué tous les calculs de la triple alliance.

Florès, découragé, est retourné dans l'Uruguay, où le parti *blanco* a repris confiance.

Mitre a suivi son exemple ; c'est à l'aide de mesures extra-légales qu'il espère sauver, à Buenos-Ayres, son pouvoir, battu en brèche par la révolution des provinces de l'Ouest.

Quant au Brésil, sa position est plus compromise encore par suite de l'absence de patriotisme chez les populations de l'empire. Les gardes nationaux, mobilisés par un décret de dom Pedro II, ont refusé de se ranger sous les drapeaux, et l'empire est forcé de remplacer par quelques centaines de noirs, conditionnellement affranchis, les soldats tués par la maladie ou par le feu.

Son impuissance est donc manifeste, et c'est dans l'espoir de sortir de la situation fâcheuse qu'ont créée pour lui les victoires du Paraguay qu'il s'est décidé à demander à la ruse ce que la force des armes a refusé de lui donner.

Telle est l'explication rationnelle, logique, de l'ordonnance impériale du 6 novembre 1866 et du décret du 7 décembre suivant.

Aussi, l'auteur de la brochure déjà citée dit-il avec raison :

« C'est au Paraguay que l'Europe et l'Amérique seront certainement redevables de l'ouverture de l'Amazone, comme elles lui devront encore que la campagne actuelle n'ait pas pour résultat l'obstrusion des affluents de la Plata. »

Ces conclusions sont absolument les nôtres.

Le Brésil ne trompera personne par ce prétendu libéralisme destiné pourtant à capter les sympathies des nations maritimes; et il est prouvé surabondamment désormais que l'empire, en décrétant l'ouverture de l'Amazone, *cent ans avant le terme fixé*, n'a fait que subir les conditions imposées à sa politique traditionnelle par l'impuissance où il se trouve de poursuivre la guerre contre le Paraguay.

Le Brésil, constatons-le dès aujourd'hui, n'aura pas même devant l'impartiale histoire le mérite d'une initiative généreuse.

A ces titres, nous pouvons dire, avec l'autorité des faits accomplis, que si c'est bien le Brésil qui a fermé les affluents du grand fleuve aux marchandises et aux idées progressives du Vieux-Monde, c'est le Paraguay victorieux qui a ouvert l'Amazone au commerce et à la civilisation.

Paris juin 1867.

PARIS — IMPR. VICTOR GOUPY, RUE GARANCIÈRE, 5.

www.ingramcontent.com/pod-product-compliance
Lightning Source LLC
LaVergne TN
LVHW010046230826
846091LV00005B/1886
9782013282222